*Heimatkunde*
*Frankfurt*

Michael Herl

# *Heimatkunde Frankfurt*

cadeau

1. Auflage 2007

*www.hoca.de*
*Typografie und Satz:*
Farnschläder & Mahlstedt Typografie, Hamburg
Gesetzt aus der Adobe Jenson Pro
*Druck und Bindung:* GGP Media GmbH, Pößneck
Printed in Germany
ISBN 978-3-455-38023-1

HOFFMANN
UND CAMPE

*Ein Unternehmen der*
GANSKE VERLAGSGRUPPE

# *Inhalt*

## 1.

## *Warum Frankfurt so interessant ist*

Frankfurt ist die interessanteste aller deutschen Städte. Diese provokante These sei hier gleich zu Anfang aufgestellt. Nun gilt es, sie über viele, viele Buchseiten mit Fakten zu untermauern. Unbestritten dürfte ja sein, daß Frankfurt schon seit Jahrhunderten eine Brutstätte des Innovativen ist. Was wurde hier nicht alles begründet, entdeckt und erfunden. Man denke nur an die Goldene Bulle, die Nationalversammlung in der Paulskirche, die Rindswurst, das Adler-Dreigangrad, die Öko-Bank oder die Grüne Soße. Hier wurde zum ersten Mal in der Geschichte der Republik ein Demonstrant von einem Wasserwerfer überfahren, hier wurde die Musik zum Handkäs gemacht, hier wird die weltweit bedeutendste Buchmesse abgehalten, hier sprach ein Bänker von »Peanuts« und meinte Millionen, hier wurde einst der »Fußball 2000« erfunden und das törichtste aller Attentate verübt, der Bombenanschlag auf das Kaufhaus M. Schneider. In Frankfurt stehen die höchsten Häuser, hierher kommen die

Fixer aus der gesamten Republik, um sich einen Schuß zu setzen, hier geschahen die dreistesten Betrügereien durch einen gewissen Jürgen Schneider, hier gibt es die frischesten Fische in ganz Europa, und nur von hier kann einer kommen wie Diether Dehm, der es schaffte, als millionenschwerer Schlagertexter zum stellvertretenden Vorsitzenden der PDS gewählt zu werden.

Woher, wenn nicht aus Frankfurt, könnte einer kommen, der es vom hausbesetzenden Taxifahrer zum Außenminister und Vizekanzler gebracht hat? Wo anders könnte so etwas wie der Tigerpalast entstehen, ein Varietétheater eines Altlinken für Neureiche? Wo ein Nachtsheim und ein Knebel ein Badesalz machen und ein Häuflein gescheiterter Existenzen aus Rödelheim eine Kultmusik? Wo anders könnte ein ehemaliger Politkabarettist aus der Spontiszene ein First-class-Restaurant führen und Schlemmerreisen für schwerreiche Topmanager veranstalten? Wo anders wäre es möglich, daß Börsianer der Spitzenklasse täglich vor den Fernsehkameras des »Mittagsmagazins« den Verlauf der Tageskurse kommentieren, ohne ein einziges Wort Hochdeutsch zu können? Und trotz solch rührend Dörflichem kann sich Frankfurt mit Recht rühmen, eine Stadt von weltweiter Bedeutung zu sein – und sei es nur, daß ein Amerikaner anerkennend »Home of the Hot dog« sagt, wenn er erfährt, wo man herkommt. Und es dann nicht glauben will, daß in dieser berühmten Stadt nur etwas mehr als sechshunderttausend Menschen leben.

Frankfurt ist winzig. Aber es besteht aus mehreren Welten, die jedoch ganz eng beieinanderliegen. Man kann hier im Tagungsraum des »Sheraton« am Flughafen die Fusion zweier Weltkonzerne beschließen und sich zwanzig Minuten später in einem Bornheimer Apfelweinlokal vom Kellner anraunzen lassen, weil man das Wort »Eppelwoi« nicht richtig ausspricht oder den Handkäs mit der Gabel essen will. Andererseits kommt es gelegentlich zu solch geschichtsträchtigen Begebenheiten wie vor einigen Jahren, als der mittlerweile verstorbene Apfelweinwirt Fritz Reuter senior in seiner Gaststätte »Zur Stalburg« eine Gruppe amerikanischer Geschäftsleute auf die näher rückende Sperrstunde in seinem Garten hinwies. »Gentlemen, de Bembel is finished«, parlierte er galant-weltmännisch, und alle wußten, was gemeint war. Superlative über Superlative, nur möglich in der einzigen wahren Großstadt Deutschlands.

Und mittendrin in dieser herrlichen Ansammlung von Häusern, Handkäsen und Halbseidenen lebe seit einem Vierteljahrhundert ich. Es wird ja immer behauptet, ich sei Frankfurter. Das ist falsch. Mich hat es hierherverschlagen, und zwar im Jahre 1982, wo mir damals punktgenau das gleiche passierte wie vielen anderen auch. Ich kenne vielleicht 230 solcher Menschen – und kein einziger von ihnen kam freiwillig hierher. Gründe für einen Umzug nach Frankfurt gibt es exakt zwei: einen charmanten und einen pragmatischen. Mich führte glücklicherweise Grund Nummer eins in die Stadt, und der hieß Barbara. Barbara studierte hier. Mir war alles egal, denn wir waren verliebt, also zog ich nach Frankfurt. Ehrlich gesagt wäre ich auch nach Tirana gezogen, nach Schorndorf, nach Worms, in die Serengeti oder nach Offenbach (letzteres fiele mir heute nie im Leben ein, doch damals wäre ich sogar nach Offenbach gezogen). Kurzum: Die Stadt oder die Steppe, in der ich fortan leben sollte, war mir vollkommen wurscht; wichtig war allein Barbara. Ich hatte dafür sogar das Angebot meines damaligen Arbeitgebers abgelehnt, als Korrespondent nach Moskau zu gehen, und es statt dessen vorgezogen, fortan von Frankfurt aus für das Saarland, Rheinland-Pfalz und Hessen zuständig zu sein. Auch schön.

Also packte ich mein Bündel, fuhr von Hamburg, wo ich damals wohnte, nach Frankfurt, bezog mit Barbara eine Zweizimmerwohnung mit Ölofenheizung in der Freiligrathstraße Nummer 43 im Stadtteil Bornheim. Die Angabe der Hausnummer erscheint mir wichtig, denn Kennern sagt dies, daß sich drei Häuser weiter eine Brennstoffhandlung befand, wo man das Heizöl kannenweise kaufen konnte. Darauf legten wir Wert, denn Vorratshaltung fanden wir aus politischen Gründen spießig. Wir waren beileibe nicht die einzigen, die so dachten, was ein Licht auf das gesellschaftliche Klima Frankfurts in der damaligen Zeit wirft. Klar, wir hätten auch gar nicht die Kohle gehabt, im Juli für tausend Mark Heizöl billig einzukaufen, doch dies stand ja auch nie zur Debatte. Geld für Öl gab man aus, wenn man fror. Punkt. Diese in Frankfurt damals weitverbreitete Vorratshaltungsverweigerung ist meiner Meinung nach auch der Grund für eine weitere Frankfurter Eigenheit: die Wasserhäuschen. Diese quer über die Stadt verbreiteten, winzigen Verkaufsstellen waren jahrzehntelang abends nach halb sieben die einzige Möglichkeit, etwas Trink- oder Eßbares zu kaufen. Ein Frankfurter Wasserhäuschen – von Eingeborenen auch Büdchen genannt – hat nämlich nicht nur Mineralwasser im Angebot, sondern eigentlich alles, was der Bürger so braucht. Von Dosenravioli über Davidoffs und Dauerwurst bis hin zu Glühbirnen, H-Milch, Kondomen, Luftschokolade und Meerrettich – in erster Linie aber selbstverständlich das, was der Bürger am späten Abend am dringendsten braucht, nämlich Apfelwein, Bier und Zigaretten. Das war zwar bedeutend teurer als im Supermarkt, doch das Kannenheizöl kostete ja auch fast doppelt soviel wie das Tankwagenheizöl. Es war uns egal, denn wir waren jung und hatten Geld – jedenfalls so viel, daß es für eine Kanne Öl, eine Tafel Ritter Sport, eine Dose Ravioli, eine Flasche französischen Landweins und eine Schachtel Kippen reichte. Der aufmerksame Leser wird soeben womöglich voller Bestürzung bemerkt haben, daß ich KEINEN Apfelwein gekauft hatte, und dies in Frankfurt! Dazu bemerke ich an dieser Stelle nur kurz: Ja, man kann in Frankfurt auch ohne Apfelwein ein überaus vergnügliches und erfülltes Leben führen. Doch später mehr zu dieser provokanten These.

Retour zu den Wasserhäuschen. Sie werden mich angesichts meiner Schwelgerei nun möglicherweise der Sozialromantik bezichtigen und keck behaupten, das sei der Jugend beispielsweise in Husum zur damaligen Zeit auch nicht anders ergangen. Nein, muß ich da entgegnen. Denn Husum war damals – wenn überhaupt – gewiß nicht so flächendeckend mit Wasserhäuschen ausgestattet, außerdem waren bedarfsgesteuerte Spontankäufe in Frankfurt noch nie ein Privileg der Jugend. Ich kenne eine Menge Menschen, die noch bis vor wenigen Jahren um Punkt halb sieben, also genau zum Ladenschluß, ein plötzlicher Heißhunger auf Ölsardinen, Wassermelonen, Chorizos oder Karamelpudding überfiel und die dann so lange die Frankfurter Wasserhäuschen abklapperten, bis sie eines mit dem ersehnten Angebot gefunden hatten.

Erst als vor einigen Jahren die Ladenschlußzeiten abgeschafft wurden, legte sich das. Denn wenn man bis zehn Uhr abends in einem Supermarkt einkaufen kann, verlieren Sardinen oder Melonen urplötzlich ihren fast schon erotischen Reiz. Es ist das uralte Lied der immerwährenden Verfügbarkeit. Umgekehrt verhält es sich übrigens mit der Einstellung des Frankfurters zu dem – gemessen an der Größe der Stadt – gewaltigen Angebot an kulturellen Einrichtungen wie Museen, Theater oder Kinos. Der Frankfurter ist mächtig stolz auf all das – aber er geht selten hin. Ich selbst bilde da keine Ausnahme. Oft habe ich Besuch von Freunden aus Berlin, Madrid oder gar New York, die eigens nach Frankfurt kommen, um in das Museum für Moderne Kunst, das Städel oder die Schirn zu gehen. Diese Menschen wohnen dann einige Tage bei mir und berichten mir abends beim Wein am Küchentisch, wie toll diese Museen doch seien und wie glücklich wir Frankfurter uns schätzen sollten, über ein solch edles Kulturangebot zu verfügen. Gewiß, ja, das tun wir auch. Doch selbst dorthin gehen? Nun, ich habe mir die Mühe gemacht, im Freundes- und Bekanntenkreis herumzufragen. Das Ergebnis dieser durchaus repräsentativen Erhebung ist jedoch denkbar wenig geeignet, in einem Buch wie diesem veröffentlicht zu werden.

Was treibt er also, der Frankfurter, wenn er nicht gerade börst, bänkert oder dienstleistet? Vereinfacht ausgedrückt, er steht gerne draußen in der frischen Luft und trinkt. Wegen dieser Lieblingsbeschäftigung, die sich übrigens durch alle Bevölkerungsschichten zieht, ist von März bis Oktober praktisch ständig irgendwo in Frankfurt ein Straßenfest. Ergänzt wird dieses Angebot durch die Wochenmärkte, auf denen seit einigen Jahren Kartoffeln, Äpfel, Schnittlauch oder Endiviensalat nur noch eine Statistenrolle spielen. Vornehmlich begibt man sich auf die Märkte an der Konstablerwache, in der Schillerstraße oder Friedberger Landstraße, am Südbahnhof oder an der Bockenheimer Warte, um dort mit Gleichgesinnten herumzustehen, Apfelwein, Bier oder Wein zu schlürfen und eine gigantische Menge dummen Zeugs zu babbeln. Wer welchen Markt wann aufsucht, hat übrigens überhaupt nichts damit zu tun, wo er wohnt oder wo sich seine Arbeitsstelle befindet. Dank des äußerst überschaubaren geographischen Ausmaßes der Stadt Frankfurt ist man mit dem Fahrrad in wenigen Minuten beispielsweise von Bockenheim nach Sachsenhausen geradelt. Das ist der Grund, warum am Stand eines Winzers oder Apfelweinkelterers immer die gleichen Trinker stehen – vollkommen unabhängig vom Stadtteil. So treffen sich Erzeuger und Konsument beispielsweise dienstags an der Friedberger Landstraße, donnerstags an der Konstablerwache, freitags in der Schillerstraße und samstags wieder an der Konstablerwache. Dies ist nur eines von vielen variablen Modellen. Der Frankfurter ist in dieser Hinsicht sehr modern, er gibt sich mobil und flexibel.

Seit sich diese Art des Wochenmarkt-Wandertrinkens einer stetig wachsenden Beliebtheit erfreut, sind übrigens auch Börsianer in meinem Ansehen enorm gestiegen. Früher empfand ich diese Leute schlicht als ziemlich unnötig und ausgesprochen komisch, mußte immer an Kinder denken, die in Anzüge und Kostüme schlüpfen, um große, weite Welt zu spielen. Seit ich aber täglich sehe, was sie zu schlucken imstande sind, akzeptiere ich sie als vollwertige Mitmenschen. Es mutet schier südländisch oder gar orientalisch an, wenn man sie freitags in der Schillerstraße bereits am frühesten Nachmittag – also eher am späten Morgen – dort stehen und Weinchen süffeln sieht. Eine Sitte, die man um diese Uhrzeit sonst in Frankfurt nur in der Kantine des Hessischen Rundfunks beobachten kann – und dort nicht nur freitags, sondern jeden Tag. Das ist übrigens auch der einzige Ort in der Stadt, wo man kurz nach eins am Mittag nicht recht weiß, ob man noch »Mahlzeit« oder schon »Schönen Feierabend« wünschen soll. Doch gestatten Sie mir zur einzigen Frankfurter Anstalt einige Anmerkungen an späterer Stelle.

Beim Anblick der jungen, süffelnden Börsianer jedenfalls kam mir manchmal das Stichwort »Wehrkraftzersetzung« in den Sinn. Statt fleißig die Aktien der Rüstungsindustrie zu verticken, kippen sich die Broker einen hinter die Binde. Saufen für den Frieden, das ist aktiver Pazifismus. Das ist die Umsetzung der Ziele der 68er mit anderen, wesentlich angenehmeren und dem heutigen Zeitgeist angepaßten Mitteln.

Dieses genußvolle Trinken auf öffentlichen Märkten ist eine relativ neue Erscheinung. Die erste und einzige Mode übrigens, die ich uneingeschränkt begrüße und vollkommen kritiklos mitmache. Doch dies nur am Rande. Wirklich neu am Markttrinken allerdings ist nur der Ort; der Vorgang als solcher ist Frankfurter Traditionsgut und wird an besagten Büdchen schon seit Jahrzehnten gepflegt. Jene Trinkhallen spielen schon seit Urzeiten eine gewichtige Rolle, wenn es gilt, ein gewisses Frankfurter Lebensgefühl zu beschreiben – nicht nur, wenn es ums Einkaufen nach Ladenschluß geht. Sie waren und sind nämlich Treffpunkte verschiedenster Menschen, die in einer Art das schiere Sein zelebrieren, die unverwechselbar zu Frankfurt gehört. Seit jeher verbringe ich einen gut Teil meiner Zeit am Wasserhäuschen, auch als dies noch ein Privileg der gesellschaftlich weniger gut Situierten war. Heutzutage hat man das Wasserhäuschenstehen als »in« geadelt, und auf diese Weise muß so mancher verarmte Werber, Bänker und Börsianer nicht zugeben, die Pyramide des Wohlstands hinabgepurzelt zu sein bis ins erste Basislager kurz oberhalb der Talstation – und Barschaft und Kreditkarten halt nicht mehr taugen für regelmäßige Besuche der angesagten Clubs entlang der Hanauer Landstraße. Denn lediglich mit einem guten Namen läßt sich in gewissen Frankfurter Kreisen schon lange keine üppige Rechnung mehr begleichen.

Ende der Achtziger war das anders. Da gab es noch klare Verhältnisse. Die meisten Cabrios, die samstagabends durch die City brausten, waren noch nicht auf Pump gekauft, und an den Büdchen standen nur Leute, die man neuerdings als Angehörige des Prekariats bezeichnet. Mir war das ganz recht, ich bin ein großer Freund klarer Verhältnisse, zumal man so davor bewahrt wurde, von Menschen behelligt zu werden, die dort nicht hingehörten. Und ich meine damit nicht Penner in Bars, sondern Yuppies an Trinkhallen.

Ich hatte damals mit ein paar Kollegen ein Büro nahe der Innenstadt gemietet, genauer gesagt, in der Jahnstraße. Die Gruppe bestand aus Schreibern, Filmemachern, Radioleuten, was man halt so machte in Frankfurt. Wir taten das, was heute der Wunschtraum all jener ist, die ins gelobte Berlin gehen, um »irgendwas mit Medien« zu machen. Doch es war schon damals so: In Berlin wurde laut und folgenlos geredet, in Frankfurt still und erfolgreich gewerkelt. Müde vom vielen Medienmachen, stiefelte ich damals täglich nach Feierabend hinüber in die Stephanstraße zu einem der schönsten Büdchen der Stadt, um mir dort zwei oder auch vier Biere zu tun und gewissermaßen den Abend einzutrinken. Das Büdchen existiert heute noch, ein rundes Häuschen mit einem Schalter und einer schmalen Theke ringsum, und einige der Dauergäste grüßen mich noch immer oder rufen mir samstags den frisch aus dem Radio erlauschten Spielstand der Eintracht Frankfurt zu, noch warm gewissermaßen, wenn ich, vom Weine betüttelt, vom Markt an der Konstablerwache komme und dort vorbeiradle.

Ich war ungewollt nach Frankfurt gekommen, doch im Laufe der Zeit hat mich die Stadt mit ihrer groben, zarten Sinnlichkeit gepackt und nie wieder losgelassen. Frankfurt ist eine Art Droge, vor deren Konsum man lange zurückschreckt, da man insgeheim ahnt, daß man nicht wieder von ihr wegkommt. So sträuben sich viele Neuankömmlinge monate- oder sogar jahrelang, sich mit der widerborstigen kleinen Großstadt am Main einzulassen. Mir ging es nicht anders. Am 4. November 1982 schrieb ich in mein Tagebuch: »Scheißstadt, Scheißleute, ich will hier weg. Nur mein Job hält mich hier, sogar Barbara entfremdet sich von mir, da es mir nicht gelingt, Anschluß an ihre Freunde zu finden. Und eigene habe ich auch keine. Nur Kollegen.« Man beachte, daß ich da immerhin schon fast ein halbes Jahr in der Stadt zugebracht hatte, und gemeinhin gelte ich nicht als kontaktarm oder ungesellig. Ich hatte es zuvor bereits geschafft, mich in München wohl zu fühlen und in Hamburg und auch in Berlin. Okay, in München fühlt sich jeder wohl. Man darf nur keine intellektuellen Ansprüche stellen, muß in der Lage sein, literweise Bier zu trinken, und sich nicht davor scheuen, mit strohdummen Blondinen eine ganze Nacht lang oberflächliches Zeug zu plaudern und dabei an modernen Getränken zu nippen. In Berlin muß man sich nur wichtig machen und von heroischen künstlerischen und/oder politischen Taten erzählen, die man in der heimischen Provinz in Bad Bergzabern, Calw oder Aschaffenburg vollbracht hat, außerdem statt ich »icke« sagen und möglich oft ein »wa?« in seine Rede streuen – und schon ist man bei den dortigen selbsternannten Weltnabelbewohnern anerkannt und hat viele vermeintliche Freunde. Gelingt es einem dann, immerfort von sich selbst zu reden und abschätzig über alle, die es angeblich nicht geschafft haben, ihre miefige Heimatstadt zu verlassen und nach Berlin zu ziehen, dann ist die Zukunft in der Hauptstadt gesichert. Anders in Hamburg. Hamburg ist ähnlich ehrlich wie Frankfurt, und ich war anfangs der Meinung: If I can make it there, I'm gonna make it anywhere. Sprich: Wenn ich es in Hamburg geschafft habe, Freunde zu finden, wird mir das in Frankfurt schon auch gelingen. Pustekuchen. Zwar hatte ich in Hamburg bereits während meiner ersten Nacht beim Fußballgucken in einer Kneipe namens »Palette« in Eppendorf einen Pferdemetzger namens Peter kennengelernt und mit ihm viel Bier getrunken. Irgendwann kamen wir auf das Du und vertilgten schließlich am frühen Morgen in seiner benachbarten Fleischerei Unmengen von Roßknackern. Diesen Mann habe ich noch jahrelang als meinen Freund bezeichnet und bei jedem Aufenthalt in Hamburg wieder besucht. Daß so was in Frankfurt vollkommen undenkbar wäre, das mußte ich erst noch lernen. Frankfurt ist im Vergleich zu Hamburg eine Ansammlung von sturen, maulfaulen Menschen, und daß sie unglaublich redselig und gesellig werden, sobald sie in langen Reihen nebeneinandersitzen, aus tönernen Krügen sauren Apfelwein trinken und stinkenden Käse mit Zwiebeln, Essig und Öl in sich hineinstopfen – das ist schierer Blödsinn. Der Frankfurter ist ein Kontaktmuffel, egal, wo er grade hockt und was er grade säuft oder frißt. Übertroffen wird er nur noch vom Kasseler. Dieser Vergleich ist allerdings nicht ganz statthaft, denn den Einwohner Kassels darf man nicht ernsthaft als lebendiges Wesen bezeichnen. Wer jemals eines dieser lebensgroßen, stummen Knetmännchen nach dem Weg gefragt hat, der weiß, was ich meine.

Doch weg von Kassel, hin zu Frankfurt. Der Witz bei der Sache ist nämlich: Man gewöhnt sich mit der Zeit daran und erkennt nach einer Weile, daß der Frankfurter einem gar nichts Böses will (was ich dem Kasseler sehr wohl unterstelle). Der Frankfurter guckt sich die Menschen halt erst mal an und entscheidet dann, ob er es zum Äußersten, nämlich zur Konversation, kommen läßt. Er ist ein etwas stoffeliges Tierchen, das man ganz einfach liebhaben muß. Gemeint ist damit allerdings wirklich »der Frankfurter«, also der Prototyp jener gut sechshunderttausend Menschen, die in dieser Stadt wohnen und eine der bekanntesten Großstädte der Erde bilden. Ist ja schon witzig, wie ein so kleines Häuflein Menschen weltweit soviel Eindruck schinden kann. Dem Frankfurter ist das eigentlich selbst nicht ganz geheuer. Zwar ist er stolz auf seinen Flughafen, seine Hochhäuser und die Internationalität, doch ansonsten wurschtelt er so vor sich hin wie die Menschen in Recklinghausen, Cham oder Winsen an der Luhe. Er überlegt sich selten, was es eigentlich bedeutet, in einer Großstadt zu leben. Man spricht ja im Zusammenhang mit amerikanischen Großstädten gern von einem sogenannten Melting pot, also einem Schmelztiegel, in dem sich Menschen verschiedenster Kultur und Herkunft tummeln. Es gibt dort mexikanische Bürger, indianische, kubanische, chinesische, polynesische und afrikanische. Und die weißen, wabbeligen mit den dicken Hintern, das sind, selbstverständlich etwas salopp ausgedrückt, die Amerikaner. Kurz charakterisiert: Die, die feine Sachen essen, gut riechen, rauchen und Salsa tanzen, das sind die wenig geachteten »ethnischen Minderheiten«, und jene, die sich von Hamburgern ernähren, immerfort Cola trinken, schwitzen und den Oralverkehr unter Strafe stellen, haben das Land erobert und von den Indianern befreit und sind demzufolge die Guten.

In Frankfurt ist das anders. Wir, die sechshunderttausend Einwohner, treten praktisch kaum in Erscheinung. Am deutlichsten merkt man dies im Straßenverkehr. Wer rast mit tiefergelegten VW-Golfs, Opels oder BMWs über die Frankfurter Straßen? Menschen mit den Buchstaben MTK oder OF auf dem Nummernschild. Seit einigen Jahren sitzen diese Menschen übrigens immer öfter in diesen neuen, kleinen, flachen Wagen von Mercedes. Kaufmännisch gesehen eine reife Leistung, gesellschaftlich betrachtet ein Desaster. Und wer parkt nachts die Straßen rund um jene Kneipen zu, in denen man Sangria aus Eimern trinkt, Karaoke singt, als Frau blond ist und als Mann einen Schnauzer und weiße Socken und Schuhe mit albernen Bommelchen trägt? Wieder jene Ausflügler aus der Provinz. Wer mit dem Auto in die Kneipe fährt, das kann doch kein normaler Mensch sein. Ja, haben die denn keine Wirtschaften auf dem Land? Im »Goldenen

Ochsen«, in der »Dorfschenke« und »Bei Manni und Ruth«, da kann man doch trefflich lustig sein und muß nicht an jedem Wochenende in die Großstadt fahren.

Nachdenklich stimmt oft auch das merkwürdige Verhalten der Zugezogenen. Unlängst zum Beispiel radelte ich die Mainzer Landstraße entlang. Ich überquerte gerade die Fahrbahn, da vernahm ich ein wildes Schreien. Stand da doch ein Männlein in einem grünen Anzug und brüllte in sächsischem Dialekt fürchterlich auf mich ein: »Was fällt Ihnen ein, fahren bei Rot über den Fußgängerüberweg, und ich stehe hier und warte.« Ein Polizist. Daß die bei der Polizei auch so kleine Sachsen nehmen, war mir bis dahin fremd gewesen. Ich entgegnete freundlich: »Na, dann geh doch rüber, es kommt ja keiner«, worauf das Männlein noch wilder wurde, mehrmals »Stehenbleiben!« schrie und hinter mir herrennen wollte. Ich konnte leider nicht anhalten, da ich dringend in die Redaktion mußte. Es galt den Ausstand eines Kollegen zu feiern, und man hatte mir kühle Getränke und kalte Schnitzel versprochen.

Frankfurt ist nicht Leipzig, das muß das Männlein im grünen Anzug halt noch lernen – obwohl einem solches in Kassel durchaus ebenso widerfahren kann. Also nichts gegen Leipzig. Doch Erlebnisse dieser Art häufen sich in letzter Zeit. Ich radelte gerade fröhlich singend vom Café des Literaturhauses nach Hause, da blaffte mich ein Pendlerkollege des kleinen Sachsen des Nachts mit Berliner Schnauze an: »Bleiben Se jefälligst stehen, Sie haben det Rotlicht missachtet.« Ich sagte freundlich: »Machen Sie sich doch nicht lächerlich«, worauf der Berliner Mann sich umschaute, weit und breit kein Auto entdeckte und mich dann etwas unwirsch davonwinkte. Immerhin, dieser Zugezogene hatte seine erste Lektion begriffen und erkannt, daß dort, wo kein Auto fährt, auch keines behindert werden kann.

An dieser Stelle wird es höchste Zeit, eine Lanze zu brechen für jene Zugezogenen, die von weiter weg herkommen. Menschen aus Afrika, der Türkei, aus Asien und wer weiß woher. Von denen möchte ich gerne mehr haben. Sie beschimpfen mich nicht an der roten Ampel, sie fahren keine tiefergelegten Autos, und sie parken nicht nachts die Trottoirs voll. Ganz im Gegenteil. Sie eröffnen Restaurants und servieren schmackhaftes Essen, sie tragen allein durch ihre Anwesenheit zu einer Auflockerung des Straßenbildes bei. Dank dieser Internationalität erlebt man gelegentlich kuriose Allianzen, bestehend aus Angehörigen verschiedenster Nationalitäten.

So wollte ich unlängst verreisen und betrat im Frankfurter Hauptbahnhof gerade das Abteil meines Zuges, da vernahm ich schon die jämmerlich-nasalen Klagelaute eines Nichtrauchers. Dieses Mal klang es amerikanisch. »Unerhört«, meinte der Herr im Alter von circa vierzig Jahren, der aussah, wie Amerikaner auf Reisen halt so aussehen. »Unerhört, wie Sie sich überhaupt nicht drum scheren, daß Sie Ihre Mitmenschen töten.« Ich wies den Herrn freundlich darauf hin, daß wir uns hier in einem Raucherabteil befänden, was ihn aber nicht kümmerte. Seine Worte wurden schärfer; noch bevor ich Platz genommen hatte, war ich schon ein »Egoist«, ein »Körperverletzer«, gar ein »Mörder«. Und auch die Deutsche Bahn AG beschimpfte der Herr, weil sie das Rauchen in ihren Zügen erlaube. Ich hub gerade an, zu erklären, daß ich mich auf Reisen in den Vereinigten Staaten auch nicht darüber beschwerte, daß dort Menschen aussähen wie Rinderhälften, da betraten schon zwei weitere Herren das Abteil. Ein Grieche und ein Chilene, wie sich später herausstellen sollte, beides Frankfurter Handelsleute, die sich allerdings (noch) nicht kannten. Und nun begann das Kapitel »Frankfurt hält zusammen«.

Flugs erkannten die beiden Frankfurter Geschäftsmänner die Situation und zündeten sich ebenfalls Zigaretten an. Auch ich steckte sofort eine neue an der alten an, während der Amerikaner theatralisch nach Luft japste und uns hustend weiterhin beschimpfte. Der Chilene sagte schließlich etwas von »Anpassen ans Gastland«, ich wies auf die Unsitte in amerikanischen Restaurants hin, beim Essen kein Besteck zu verwenden und zudem die Mütze aufzubehalten, und der Grieche, ein lustiger, rundlicher kleiner Herr, brachte die Situation schließlich zum Eskalieren, indem er sagte: »Gehen Sie doch in den Irak, und beschweren Sie sich dort.«

Das war zuviel für den Amerikaner. Fluchend zottelte er sein Gepäck aus der Ablage und verließ hustend das Abteil.

Ich gebe zu, wir haben sehr gelacht. Der Grieche kugelte sich prustend, der Chilene ließ immer nur ein »Pfffft, pfffft, pfffft« vernehmen, auch ich hatte Tränen in den Augen vor Freude über diese doch ach so schöne Völkerverständigung. Schließlich unterbrach der Chilene sein »pfffft, pfffft, pfffft«, brach in ein lautes Lachen aus und stammelte: »Und wissen Sie, was das schönste ist? Eigentlich bin ich ja seit drei Jahren Nichtraucher.«

## 2.

## *Wie es früher war und warum es heute immer noch so ist*

Um zu begreifen, was sich in Frankfurt heutzutage wirklich abspielt, wie die Menschen ticken, welche Sehnsüchte, Fehler, Schwächen und Stärken sie haben, warum wie gebaut wird, was man wie ißt, was man wie fährt, wie man flirtet und sich vermehrt oder auch nicht, welche kulturellen Vorlieben und Abneigungen man hat, wie man sich kleidet und wie oft man die Socken wechselt, warum es in Frankfurt keine tauglichen Schuhgeschäfte und kaum portugiesische Restaurants gibt und warum man an der roten Fußgängerampel nicht stehenbleibt, wohl aber gerne Forellen ißt – all das und noch viel mehr läßt sich erst dann einigermaßen verstehen, wenn man die historische und geographische Situation Hessens und erst recht Frankfurts näher betrachtet. Eine Garantie für das Verstehen bietet dies nicht, aber immerhin ist ein Exkurs in Geschichte und Heimatkunde einen Versuch wert.

Um Frankfurt zu begreifen, muß man sich erst einmal die Mühe machen, Hessen zu verstehen. Wenigstens im Ansatz. Der gute Matthias Beltz, den man mittlerweile ja leider auch zur Geschichte zählen muß, hat einmal gesagt: »Hessen verstehen kann nur, wer die ethnische Sondersituation Hessens kennt. Die Hessen sind umzingelt von lauter Deutschen, haben keinen direkten Zugang zum Meer, zu den Alpen und zum Ausland und daher keinen Kontakt zur Freiheit. Wer Hessen besuchen will, muß vorher durchs Fegefeuer der deutschen Autobahn-, Eisenbahn- und Flughafenkultur. Nur wenige, die hierherkommen, wollen hierbleiben. Das war schon während der Völkerwanderung so. Na dann!«

Damit ist eigentlich alles gesagt. Für den Fremden hier aber dennoch ein paar weitere Worte der Erklärung: Dieses Hessen ist prinzipiell ein riesiges, für den Außenstehenden schwer durchschaubares Gebiet. Ein gewaltiges Bundesland mit exakt 802 326 Hausschweinen und geschätzten sechs Millionen Einwohnern. Unterstellt man Mahatma Gandhi, daß er recht hatte mit seiner These, wonach die Größe einer Nation an ihrem Umgang mit den Tieren zu messen sei, so kann man Hessen in dieser Hinsicht als vorbildlich bezeichnen. Das einzige, was alle Hessen im Süden und im Norden des Landes trotz ihrer sonstigen fundamentalen Unterschiedlichkeit verbindet, ist die unermeßliche Liebe zum Hausschwein. *Rippchen einigt Vaterland* lautet die Devise, mögen die Mentalitäten und Dialekte der Bewohner auch noch so unterschiedlich sein.

Sieht man aber einmal von Rippchen und Schweinswürsten ab, gibt es im gesamten Hessenland bereits von Dorf zu Dorf schier unüberbrückbare Differenzen. Hauptsächlich sind diese in der Sprache begründet. So soll es etwa im Vogelsbergkreis in sieben Kleinstgemeinden auf einer Fläche von sechs Quadratkilometern elf verschiedene Varianten geben, das Wort »Säue« auszusprechen – obwohl alle wissen, was gemeint ist, nämlich die dicken Tiere, die so lecker schmecken. Doch nicht nur das. Oftmals unterscheiden sich sogar ausgewachsene Städte fundamental von ihrer Nachbarstadt und pflegen diese Differenzen über Jahrhunderte, ohne auch nur den Versuch zu wagen, sich anzunähern. Dies ist mittlerweile kein Geheimnis mehr, sondern weltweit bekannt.

In einem amerikanischen Reiseführer über Frankfurt steht wie in Stein gemeißelt der Satz: »People in Offenbach are different.« Wenn sich diese These also bis in ein Land herumgesprochen hat, in dem 90 Prozent der Einwohner der Meinung sind, in Deutschland würden alle Menschen in Dirndl und Seppelhosen herumrennen, sich dabei immerfort mit der flachen Hand auf die Schuhsohlen hauen, währenddessen unaufhörlich literweise Bier aus steinernen Humpen in sich hineinschütten, ständig an riesigen gesottenen Schweinsfüßen nagen und mit der ewig grüßenden Kuckucksuhr um die Wette jodeln, wenn selbst solche Menschen es als wissenswert erachten, daß Offenbacher anders sind – dann muß da ja auch was dran sein. Und es sei an dieser Stelle verkündet: Der Autor des amerikanischen Reiseführers ist ein kluger Mann, er hat recht. Jawohl, Offenbacher sind anders, und auch Offenbach ist anders! Das ist kein Vorurteil, das ist eine Tatsache. Gründe dafür gibt es eine Vielzahl, und sie finden sich in allen Bereichen des täglichen Lebens wieder. Egal, ob es um Kultur geht, um Lifestyle, Kulinarik, Sport, Bildung, Ästhetik, Automobile, Reisen, Sex, Sehenswürdigkeiten, Politik, Hobbys oder Haustiere, man kommt immer wieder auf den gleichen Punkt, nämlich daß Offenbach und die Offenbacher anders sind. Wer dies nicht glaubt und gerne ein gewisses Kribbeln verspürt, also beispielsweise einen Hang zu gefährlichen Tätigkeiten wie Bungeejumping, Feuerschlucken, Gläseressen oder S-Bahn-Surfen hat, der mache doch die Probe aufs Exempel, besorge sich ein Auto mit Offenbacher Kennzeichen und stürze sich damit in den Frankfurter Feierabendverkehr. Hat ja mal einer gemacht, und er wurde dabei beobachtet.

Einige Jahre ist es her, es begab sich am Fußgängerüberweg in der Mainkurstraße im Frankfurter Stadtteil Bornheim. Dort wollte ein unbescholtener Herr mittleren Alters gerade mit einer Pizzaschachtel in der Hand die Straße überqueren, als plötzlich ein Auto mit mächtig überhöhter Geschwindigkeit heranbrauste. Der zu Tode erschrokkene Fußgänger blieb abrupt stehen, auch der Autofahrer erkannte die Situation und bremste quietschend, schlingerte auf den Zebrastreifen zu und blieb wenige Zentimeter vor dem erstarrten Herrn mit der Pizzaschachtel stehen. Wie in Frankfurt üblich, bildete sich unversehens eine Menschenmenge, die sich sofort auf die Seite des Schwächeren schlug, den Autofahrer wüst beschimpfte und drohend mit Stöcken, Schirmen und sonstigem Gerät fuchtelte. Die Luft knisterte. Ein falsches Wort, und die Situation wäre eskaliert. Plötzlich jedoch warf einer der Aufgebrachten einen Blick auf das Nummernschild des Rasers, stutzte und fing dann lauthals an zu schreien: »Da hammers ma widder. En Offebächer!« Die Menge nickte emsig, man hatte verstanden. Weiß doch in Frankfurt jedes Kind, daß Offenbacher eigentlich zu nichts taugen, noch weniger aber dazu, ordnungsgemäß ein Kraftfahrzeug zu führen. Klartext: Offebächer könne net fahrn. Böse Zungen behaupten gar, das amtliche Kennzeichen OF stehe nicht für Offenbach, sondern bedeute »Ohne Führerschein«. Als irgendeiner aus der Menge schließlich auch noch diesen alten Kalauer bemühte, war dies zuviel für den Raser. Zwar hatte man ihn zuvor schon mit unschönen Wörtern wie »Simpel«, »Dotterkopp« oder gar »Luftkotelett« beschimpft, nun jedoch war der Bogen überspannt. Das konnte er nicht auf sich sitzen lassen. Er öffnete langsam die Wagentür, stieg aus, hob wie in einem schlechten Western die Hände und stammelte schließlich: »Ich bin kaan Offebächer. Ich bin Frankfurter.« Dann deutete er auf das Auto und rief verzweifelt: »Und des, des is en Mietwaache.« Ein Raunen ging durch die Menge. Man schüttelte ungläubig die Köpfe, hörte zwar langsam auf zu maulen, gab sich jedoch nicht recht zufrieden. Urplötzlich war eine grundlegend andere Situation entstanden. Fast schien es, als wäre das Ursprungsdelikt vergessen und verziehen. Mit 70 durch eine Tempo-30-Zone zu donnern, das ist zwar schlimm, aber kann jedem mal passieren. Unachtsamkeit halt. Aber was, um alles in der Welt, fällt denn einem Frankfurter ein, mit einem Mietwagen mit Offenbacher Kennzeichen durch die eigene Stadt zu fahren! Immer noch kopfschüttelnd, verlief sich die Menge, man spannte die Schirme wieder auf, das Gemurmel wurde leiser. Dann fuhr auch der Frankfurter Offenbacher langsam davon – zurück blieb ein immer noch starr auf derselben Stelle stehender Herr mittleren Alters, in der Hand eine Schachtel mit einer Pizza, die mittlerweile kalt geworden war. Aber immerhin, er hatte daheim etwas zu erzählen – und einige Jahre später sogar etwas dazu zu schreiben.

Doch Unterschiede sind in Hessen nicht nur von Dorf zu Dorf und von Stadt zu Stadt zu beobachten, sondern auch von Region zu Region. Besonders groß sind die Differenzen zwischen Nordhessen und Südhessen. So wie der Amerikaner vor seinem Auge besagte Trachtenmännchen hüpfen sieht, sobald er an Deutschland denkt, kommen dem Deutschen, sobald es um Hessen geht, sofort Bembel und Handkäs in den Sinn. Gewiß, es gibt in und um Frankfurt Gaststätten, die Apfelwein im Bembel ausschenken und auch Handkäs mit Musik servieren. Doch das eigentliche Bembelgebiet ist klein, es beginnt im Norden etwa bei Gießen und endet im Süden südlich des Odenwalds, also etwa an der Grenze zu Baden-Württemberg.

Der Kasseler hat also soviel mit Handkäs am Hut wie der Oberbayer mit Labskaus. Und auch den Bembel kennt er bestenfalls aus den heimattümelnden Sendungen des HR-Fernsehens. Allerdings ist der Kasseler hier ein eher schlechtes Beispiel, denn er hat gemeinhin mit gar nichts was am Hut, nicht mal mit Kasseler. Dieses gepökelte Schweinefleisch gleichen Namens nämlich wurde Ende des 19. Jahrhunderts von einem gewissen Herrn Cassel erfunden, und der war ein Fleischermeister in Berlin. Solche Kleinigkeiten sind keineswegs wurscht, denn auch an ihnen kann man die Unterschiede der Hessen erkennen. Der Kasseler hat also mit dem Kasseler rein gar nichts zu tun, der Frankfurter hingegen – gewieft, wie er ist – hat sich bereits Mitte des 19. Jahrhunderts seine Würstchen schützen lassen. Seither dürfen Frankfurter Würstchen nur Frankfurter Würstchen heißen, wenn sie aus Frankfurt kommen. Alle anderen Würstchen dürfen sich nur »Frankfurter Art« nennen. Über die Tatsache, daß die beiden größten Würstchenproduzenten ihre Fabriken mittlerweile aus Platzgründen nach Dreieich und Neu Isenburg (beides auf Offenbacher Hoheitsgebiet) ausgelagert haben, wird seitens des Frankfurters generös hinweggesehen. Solange keiner auf die Idee kommt, sein Produkt »Offenbacher Würstchen« zu nennen. Realistisch gesehen wären einem solchen Produkt allerdings wenig Chancen auf dem Markt einzuräumen. »Offenbacher Würstchen« klingt weniger nach einer kulinarischen Spezialität, sondern erinnert an einen kleinwüchsigen Kerl, der mangels Geld für eine Eintrittskarte am Zaun des Frankfurter Waldstadions hochhüpft, um endlich einmal im Leben guten Fußball zu sehen. Und »Offenbacher Art«, dieser Terminus mutet in den Ohren eines Frankfurters noch erbärmlicher an. »Offenbacher Art«, dabei denkt man vielleicht an ein Schnitzel, das mangels Fleisch nur aus Panade besteht, an Lachsersatz, an Kunstleder oder Laminatimitat, an Marzipan aus Aprikosenkernen, an Kleinbahnengolf oder einen Schmalspur-ICE, an Versicherungsbetrug oder an ungedeckte Schecks – zumal sich immer noch die alte (Frankfurter) Redensart gehalten hat, von einem insolventen Menschen, der den Offenbarungseid leisten mußte, zu sagen, »der hat den Offenbacher gemacht«. Nicht schön, aber treffend.

Ganz anders als der Offenbacher ist der Kasseler. Er braucht sich von niemandem bespötteln zu lassen, denn er hat keine natürlichen Feinde. Kassel ist Monopolist in Nordhessen, die nächsten Ansiedlungen größeren Ausmaßes wie Paderborn, Göttingen oder Erfurt liegen bereits in anderen Bundesländern, spielen also außer Konkurrenz. So kommt es, daß der Kasseler so ziemlich alles ignoriert, womit er konfrontiert wird. Sogar seine eigene Documenta läßt er sich nach Kräften am Allerwertesten vorbeigehen. Auch die zigtausenden ausländischen Besucher zur Documenta-Zeit nimmt er faktisch nicht wahr, und wenn sie nach dem Weg fragen, dann weigert er sich stoisch, ihnen die erbetene Auskunft in einer dem Deutschen auch nur annähernd ähnlichen Sprache zu geben. Doch noch schlimmer: Der Kasseler ignoriert nicht nur andere, er meidet sogar zunehmend sich selbst. So entwickelt sich in Hessen seit etlichen Jahren eine gewaltige

Völkerwanderung von Nord nach Süd. Der Kasseler zieht ins Rhein-Main-Gebiet, weil er sich selbst nicht leiden kann. Die Folge ist eine Entvölkerung Nordhessens, verbunden mit Verarmung, hoher Arbeitslosigkeit und sozialer Verelendung. Aber immerhin werden diese bedauerlichen Zustände von den Medien wahrgenommen, mithin rückt Kassel in den Blickpunkt der Öffentlichkeit. Man war in Frankfurt nämlich bis vor wenigen Jahren der felsenfesten Überzeugung, Kassel würde alle fünf Jahre für die Documenta aufgebaut und danach wieder in Kisten gepackt und in einer Scheune im Reinhardswald fünf Jahre lang bis zur nächsten Documenta eingelagert.

Das Wissen darum, daß dem nicht so ist, verdanken die Frankfurter dem Hessischen Rundfunk. Er hat ihnen in einem bislang einzigartigen Medienfeldzug klargemacht, woraus Hessen besteht: aus Kassel und aus vielen, vielen ländlichen Gebieten, in denen die Menschen tagaus, tagein Handkäs und Schmand essen und in albernen Trachten um den Maibaum tanzen. Doch der Hesse nimmt das nicht für bare Münze, er weiß ob der Unterschiede im Land. Er hat sich seit Jahrhunderten daran gewöhnt, und niemand vermag dies so schnell zu ändern. Auch die Politiker verschiedenster Couleur nicht, die die Hessen durch Regionalisierungen der unterschiedlichsten Art mehr zueinanderführen wollen. So soll zum Beispiel die Region

Rhein-Main mehr zusammengeschweißt werden, um so im Zuge der Internationalisierung oder gar Globalisierung ein wirtschaftlich stärkeres Bündnis zu bilden. Klartext, und das hatten wir unseligerweise schon einmal: Es soll da zusammenwachsen, was vermeintlich zusammengehört. Dann sollen also beispielsweise in Dietzenbach blühende Landschaften entstehen (zur Erklärung für denen uneingeweihten Leser: Dietzenbach ist gewissermaßen ein Vorort von Offenbach, der über Viertel verfügt, in der die Polizei nur in Sechsergruppen Streife fährt – aber nur, wenn es wirklich nötig ist).

Aber der Vergleich hinkt. Die Wiedervereinigung, die Helmut Kohl einst plante, wäre ein Zusammenfügen von etwas gewesen, das früher einmal ein Ganzes war. Doch hier ist eine Verschmelzung von Völkern, Horden und Stämmen vorgesehen, die jahrtausendelang nichts miteinander zu tun hatten oder Kriege gegeneinander geführt haben. Die Kronberger zum Beispiel kämpften 1589 gegen die Frankfurter, 1604 lagen die Darmstädter mit den Marburgern im Clinch, 1389 die Eschborner und die Frankfurter, und im Jahre 1275 kriegten sich gar die Friedberger Stadtbewohner mit den Friedberger Burgbewohnern in die Haare.

Lediglich von einer Feldschlacht der Offenbacher ist nichts zu finden in den Geschichtsbüchern. Nichts. Nicht mal ein kleines Scharmützel gegen die Rumpenheimer. Ergo: Die Offenbacher sind ein friedliebendes Volk. Keine Befestigungsmauern umgeben das pittoreske Städtchen am Main, keine Wallanlagen, nicht mal eine kleine Burg steht da.

Sie sind nicht gerne gelitten bei den Frankfurtern, trotzdem sollen diese beiden Völkergruppen vereinigt werden. Doch wenn es nach den Planungen der Politiker geht, soll es sogar noch dicker kommen: In diesen Völkerverband sollen ja sogar Nomadenstämme integriert werden, wie zum Beispiel die Ureinwohner des Main-Taunus-Kreises, nach ihrem Nummernschild in Frankfurt auch MTKler genannt. Von diesen Menschen wird später noch die Rede sein, denn sie gehen den Frankfurtern vornehmlich am Wochenende auf die Nerven, wenn sie mit tiefergelegten Golf GTIs oder Opels durch die Straßen brausen und Großstadt spielen. Die MTKler streiften früher durch den Taunus und suchten Kräuter, Beeren und Pilze, heute streifen sie durch Frankfurt und suchen einen Parkplatz. Ein klassisches Nomadenvolk also. Ständig unterwegs. Viele von denen geben als Wohnort schon die Autobahn A 66 an, die direkte Verbindung des Main-Taunus-Kreises mit Frankfurt. Weil sie dort, statistisch gesehen, die meiste Zeit des Tages verbringen. Und diese

Menschen sollen nun also domestiziert werden. Ethnologisch gesehen ein äußerst sensibles Unterfangen.

Ein weiterer Hemmschuh für die Regionalisierung in Rhein-Main sind die bereits erwähnten Verständigungsschwierigkeiten. Das ist wie bei den Finnen und den Ungarn. Das Finnische und das Ungarische entspringen der gleichen Sprachfamilie, dem Finno-Ugrischen. Da zog nämlich vor vielen Jahrhunderten ein Stamm vom Ural nordwärts, einige ließen sich in Ungarn nieder, die anderen machten weiter bis nach Finnland. Die Folge: Beide Sprachen klingen für den Außenstehenden vollkommen gleich. Man sagt sogar, ein Finne könne einem Ungarn aus einem ungarischen Buch vorlesen, und für den Ungarn klinge dies fast akzentfrei – obwohl der Finne keinen blassen Schimmer davon habe, was er da gelesen hat. Und ein Finne und ein Ungar können kein Wort miteinander sprechen. So ähnlich ist das auch bei dem Odenwälder und dem Wetterauer. Ob einer von beiden aus irgendeinem Buch gleich welcher Sprache vorlesen kann, das sei dahingestellt. Jedenfalls reden beide in einer Sprache, die der andere nur schwer bis überhaupt nicht versteht, obwohl beide für den Frankfurter fast identisch klingen. Beide rollen das »R« und sprechen, als hätten sie immerfort eine heiße Kartoffel im Mund – das erscheint auch nicht unwahrscheinlich, denn diese Feldfrucht wird in beiden Regionen angebaut. Doch sie dient längst nicht mehr der Ernährung der Einheimischen, sondern wird zu nahezu 100 Prozent exportiert – und zwar in die Frankfurter Bioläden. Die Menschen in der Wetterau und im Odenwald hingegen essen fast ausschließlich in ihrem Auto auf dem Parkplatz von McDrive, oder sie lassen sich ihre Kost von Bofrost tiefgekühlt nach Hause bringen.

Mentalitätsunterschiede und Verständigungsprobleme oder jahrhundertealte Zwiste, all dies wäre zwar schwer mit einer Regionalisierung in Einklang zu bringen – aber prinzipiell nicht unmöglich. Scheitern wird das Projekt aber gewiß bei einem Thema: dem Finanzausgleich. Das heißt, daß kleinere Städte und Gemeinden im Umland Frankfurts sich an den Kosten beteiligen sollten, die die Kernstadt beispielsweise für das Kulturangebot oder die gesundheitliche Versorgung aufzubringen hat. Als diese Problematik vor einiger Zeit bei einer Anhörung thematisiert wurde, hatte der Vortragende kaum das »F« des Wortes »Finanzausgleich« ausgesprochen, da hatten die Vertreter Offenbachs schon ihr Veto eingelegt.

Wenn es ums Geld ist, ist mit agrikulturell orientierten Mitmenschen nicht zu spaßen, was die Sache nicht unerheblich verkompliziert. Um die Brisanz des Themas zu verdeutlichen, konstruiere man ein einfaches Beispiel: Gesetzt den Fall, die Frankfurter wollten es den Berlinern gleichtun und ähnlich wie weiland den putzigen Eisbären Knut auch so einen Everbody's Darling besitzen, den alle sehen und knuddeln wollen. Da die Frankfurter Mentalität aber bodenständiger ist, kantiger, ehrlicher und großem Tamtam eher abgeneigt, würden sich die hiesigen Einwohner in ihrer demütigen, doch direkten Art für einen anderen Knuddel entscheiden, beispielsweise einen Grottenolm. Kurz zur Erklärung: Ein Grottenolm, von Kennern und Liebhabern auch »Proteus Anguinus« genannt, ist ein bis zu 30 Zentimeter langer, graziler, nackter Schwanzlurch mit funktionslosen Augen, der nur in unterirdischen Gewässern vorkommt und wegen seines Lebens in vollkommener Dunkelheit keine Hautpigmente bildet und so meist gelblichweiß, durchsichtig oder fleischfarben ist. Ein anmutiges Tier. Die Frankfurter kaufen sich also einen solchen Olm für, sagen wir mal, 367 Euro plus Porto und Nachnahme. Dann sind doch gewiß etwa 250 Euro von dieser Summe nicht durch Eintrittsgelder im Zoo finanziert, sondern durch die Steuergelder der Frankfurter. 250 von 367, das sind rund 68 Prozent der Anschaffungskosten für den Grottenolm, die vom Stadtsäckel getragen werden, die also quasi der Frankfurter Bürger aus seiner eigenen Tasche zuschießt. Das heißt: Zu 68 Prozent gehört der Grottenolm den Frankfurtern.

Was aber tun, wenn die Nomadenvölker aus dem Main-Taunus-Kreis sonntags in Frankfurt einfallen und diesen Grottenolm sehen wollen? Den Zoo zusperren? Die Eintrittspreise für Auswärtige erhöhen? Oder nur für nahe Auswärtige, also Altenstädter, Bad Vilbeler, Darmstädter und Königsteiner, nicht aber für ferne Auswärtige wie Chinesen, Amerikaner, Ungarn und Finnen? Sonst wirft man ihnen am Ende Ausländerfeindlichkeit vor. Und was, wenn da ein Chinese kommt, der aber in Hanau wohnt? Oder ein gebürtiger Offenbacher aus Alabama? Und wie geht das dann weiter? Wenn die Frankfurter den uneingeschränkten freien Zugang zu ihrem Grottenolm verwehren, sagen dann nicht irgendwann die Wetterauer: »Wir verfügen hier über die herrlichsten Kartoffeläcker, in Pracht und Anmut höchstens vergleichbar mit den Ausläufern der kanadischen Rocky Mountains. Und ihr Frankfurter fahrt am Wochenende zu uns raus, labt euch an diesem ergötzenden Anblick – und latzt keinen einzigen Euro dafür? Schluß damit. Das kost jetzt was!«

Ja, und dann, dann geht sie los, die Rechnerei. Ist nun zweimal Kartoffeläckergucken soviel wert wie einmal Grottenolmglotzen? Oder einmal Drosselgasse soviel wie dreimal Dietzenbach? Oder zweimal durch den Taunus spazieren soviel wie achtmal durchs Frankfurter Bahnhofsviertel?

Man sieht ihn schon vor sich, den Verwaltungsapparat, diesen Wasserkopf! Kommissionen werden gegründet, Ausschüsse werden tagen, Expertisen werden erstellt, Vorträge gehalten – und nur, weil sich die Städte und Gemeinden nicht einigen können. So war es schon immer, und so wird es vermutlich auch noch lange bleiben.

Doch ehrlich gesagt juckt es den Frankfurter relativ wenig, ob die Vilbeler, Darmstädter oder Offenbacher ein paar Euro lockermachen. Dank seiner Kapitalkraft konnte Frankfurt schon seit Jahrhunderten seine Vormachtstellung behaupten. Wollte wirklich mal jemand ernsthaft angreifen, so halfen in der Regel einige Säckchen Gulden, ihn von seinem Vorhaben abzubringen. Als Messestadt und Handelszentrum war Frankfurt schon immer wohlhabend; auch wenn heute das Stadtsäckel wie in allen Kommunen nicht mehr so prall gefüllt ist, ist die finanzielle Situation längst nicht so prekär wie beispielsweise in Berlin oder in Bremen – und sie wird es vermutlich auch nie werden. Denn Frankfurt war noch nie arm.

## 3.

## *Der Bahnhof – die Visitenkarte Frankfurts*

Warum Menschen nach Frankfurt kommen, haben wir ja bereits geklärt. Doch wie kommen sie hierher? Von Matthias Beltz wissen wir, daß man sich durchs Fegefeuer der deutschen Autobahn-, Eisenbahn- und Flughafenkultur begeben muß, um nach Hessen und erst recht nach Frankfurt zu kommen. Er vergaß den Wasserweg, doch der ist in der Tat zu vernachlässigen. Der Frankfurter nämlich ignorierte den Main jahrzehntelang nach Kräften, man hätte ihn wohl am liebsten zubetoniert, führen dort nicht ab und an ein paar Schiffe. Während andere Städte wie Köln, Düsseldorf, Hamburg, Berlin, Regensburg, Passau, München, Mainz, ja eigentlich alle, die an einem Fluß liegen, ihre Ströme kultivierten, die Ufer mit Promenaden, Cafés und Biergärten ausstatteten, ihnen Lieder schrieben und Tänze widmeten, taten dies nur zwei Städte nicht, nämlich Frankfurt und Ludwigshafen. Bei Ludwigshafen ist dies erklärbar, denn Ludwigshafen gibt es eigentlich gar nicht, es besteht im Grunde aus der

BASF und ihren Abwässern. Was soll man da also kultivieren? Ludwigshafen ist entschuldigt. Doch Frankfurt? Gab es einen einzigen Grund, den Main zu ignorieren? Nein. Oder besser: ja. Nämlich die Dabbischkeit der Frankfurter. Erst vor einigen Jahren begann sich dies zu ändern. Damit soll nicht behauptet werden, daß die Frankfurter klüger geworden sind, die Wende erfolgte vielmehr durch Druck von unten – genauer gesagt kam er aus Offenbach. Etliche dort ansässige Künstler und Intellektuelle (jawohl, das gibt es) fingen irgendwann an, in ihren Briefköpfen »Offenbach am Meer« zu schreiben. Hübsch, selbstironisch, bar jeglichen Realitätsbezugs und deswegen schier genial. Nun war also plötzlich der Mythos »Wasser« in der Region. Gleichzeitig fingen Studenten der Frankfurter Städelschule an, ein paar Liegestühle an den Main zu stellen und dort Getränke auszuschenken, und dann kam irgendwann diese Weltmeisterschaft der Balltreter und ihre unsäglichen Begleiterscheinungen wie zum Beispiel Public viewing, also gemeinsames Fernsehgucken auf großer Leinwand. Das war der Durchbruch. Einer jener Großbildschirme prangte mittenmang auf dem Main, was zwar zunächst nur unzählige pubertierende Engländer dazu bewegte, sich sturztrunken in die Brühe zu werfen, im folgenden aber für eine nie für möglich gehaltene Sensibilisierung des Frankfurters für seinen Main sorgte. Seither entstehen dort ständig neue

Cafés und Kneipen, schwimmende Händler bieten auf Booten gar Nahrung an, kurzum: Es ist eine Wonne. Der Main ist wieder wer. Als taugliche Möglichkeit, sich der Stadt zu nähern, bietet er sich aber immer noch nicht an. Macht ja auch nichts, denn es gibt ja Autobahnen, einen Flughafen und den Hauptbahnhof. Über Autobahnen gibt es nichts Besonderes zu berichten, eine Autobahn ist eine Autobahn ist eine Autobahn. Auch wenn das Frankfurter Kreuz das größte seiner Art in Deutschland ist, wird es dadurch nicht prickelnder. Über den Flughafen sollen an anderer Stelle Worte verloren werden, aber nicht so viele, denn auch der Flughafen ist ein stinknormaler Flughafen wie überall auf der Welt. Flughäfen sind austauschbar wie Interconti-Hotels, H&M-Kaufhäuser oder deutsche Fußgängerzonen. Und auch wenn der Frankfurter Airport mit so manchen Superlativen aufzuwarten hat, bleibt der sinnliche Nutzwert gleich null. Was hat man zum Beispiel davon, daß der Flughafen der größte Umschlagplatz für Frischfisch in Deutschland ist? Man kann ihn nicht sehen, man kann ihn nicht riechen, man kann keinem Kutterkapitän ein Kilo Sardinen abkaufen – und Möwen gibt es auch nicht.

Bleibt also der Hauptbahnhof, und der ist in der Tat ein Juwel. Jeder Bahnhof auf der ganzen Welt riecht anders, und doch riechen alle Bahnhöfe irgendwie gleich. Paradox, aber wahr. Besonders gilt dies für Bahnhöfe von Großstädten und ganz besonders für deren Umfeld, die Bahnhofsviertel. Erbaut wurde der Frankfurter Hauptbahnhof im Jahre 1888 als der damals größte in Europa.

Seine jüngste Renovierung erfuhr er im Zuge der Fußballweltmeisterschaft, und nun soll er eine Funktion wahrnehmen, die die Stadtväter und -mütter reichlich ungeschickt mit dem Terminus »BAVIS« umschrieben – Bahnhof als Visitenkarte. Er soll also repräsentieren und den Neuankömmlingen Lust auf die Stadt machen. Und – um es vorwegzunehmen – das tut er auch. Sieht man von der Skyline einmal ab, wirkt Frankfurt nirgends großstädtischer als am Bahnhof und in der Kaiserstraße, durch die man nach der Ankunft in Richtung Stadtmitte spazieren kann.

Sie ist die schönste Straße der Stadt, eigentlich die unwichtigste und deswegen die spannendste. Die Kaiserstraße ist, seit es sie gibt, so etwas wie das Tor der Stadt. Sie ist unmittelbar verbunden mit dem Gewusel am Hauptbahnhof, wo täglich fast eine halbe Million Menschen ankommen oder abfahren oder auch nur eine Wurst essen.

Schon bei ihrem Bau war die Kaiserstraße so ein Dazwischen zwischen Eile und Weile. Kurz nach der Eröffnung des Bahnhofs errichtete man hier die ersten Häuser.

Die Trasse der Taunusbahn nach Wiesbaden war überflüssig geworden, das Gebäude des Taunus-Bahnhofs am heutigen Taunustor ebenfalls. Also entstand darauf eine prunkvolle Allee, gesäumt von mächtigen Bürger- und Geschäftshäusern im Stil des Neobarocks und der Neurenaissance. Und schon damals hetzten die Menschen zum Bahnhof, oder aber sie flanierten stolz auf der Kaiserstraße umher. Die Kaiserstraße war die großstädtischste Meile der Stadt. Stolze Bauwerke wie der Fürstenhof an der Gallusanlage 2, das Logenhaus mit seinem Rokoko-Festsaal in der Kaiserstraße 37, der Kaiser-Friedrich-Bau in der Nr. 68 mit seiner verspielten Kuppel auf dem Dach oder der Englische Hof in der Nr. 76, dazwischen eine baumbestandene Prachtstraße mit Cafés und Restaurants – das war Großstadt, das war Paris, Rom, Madrid, Wien, Prag und Frankfurt.

Sagt man heute, die Kaiserstraße sei das Urbanste, was Frankfurt zu bieten hat, macht man sich gerne Feinde. Früher, da war alles besser. Sogar die fünfziger und sechziger Jahre, die Blütezeit des Rotlichtviertels, seien besser gewesen. Damals waren nur Nutten da, heißt es, die haben ihre Arbeit gemacht und gingen wieder. Fast schwingt so etwas wie Wehmut mit, wenn alte Frankfurter das sagen. So, als hätten sie sich damals wohl gefühlt mitten im Milieu.

Aber eigentlich ist das Viertel doch wie früher, nur ein bißchen anders. Es sind die Kleinigkeiten am Rande, die die Kaiserstraße zur bedeutendsten Meile der Stadt machen. Von der wunderschönen, dunkelhaarigen Bedienung zu reden, die früher im Bistro »Hemingway's« neben dem English Theatre arbeitete und nun in ein Café weiter oben wechselte, das wäre zu subjektiv. Aber die riesige Hähnchenbraterei mit ihrer sahnesoßenfarbenen Einrichtung, das wäre ein Beispiel. Etwa hundertfünfzig Hähnchen drehen sich dort an langen Spießen, schon ab sieben Uhr morgens kann man eines kaufen. Oder ein Frühstück mit Rührei, Speck, Brot und Kaffee. Hier kann man an einem sommerlichen Frühmorgen diese großstädtische Langsamkeit der Kaiserstraße spüren. Man kann beobachten, wie ein Spieß vom Rost genommen, das Geflügel zerteilt und serviert wird und wie mehrere Dutzend Menschen an einem stinknormalen Vormittag im August nichts anderes zu tun haben, als ein halbes Hähnchen zu frühstücken und anschließend einen Kaffee zu trinken.

Draußen huschen die Heerscharen vorbei, Frauen in Pumps oder jenen vorne offenen schwarzen Pantoletten, die bedauerlicherweise nie aus der Mode kommen. Dazu tragen sie knielange Sommerröcke und schon jetzt am frühen Morgen zart verschwitzte Blusen. Es huschen auch

Herren in leichten Anzügen vorbei, mit dem Schweiß der S-Bahn-Fahrt auf der Stirn, die Jacken locker über die Schulter geworfen. Es sind Hunderte, Tausende, sogartig zieht sie die Kaiserstraße am Hauptbahnhof an und speit sie am Taunustor wieder aus, schiebt sie in die Banken und Büros der Innenstadt. Erst gegen Mittag schälen sie sich vereinzelt wieder aus den Hochhäusern heraus, setzen sich vor die feineren Bistros und Cafés, etwa dorthin, wo jetzt die schöne, dunkelhaarige Bedienung arbeitet. Sie essen einen Salat mit Putenbruststreifen und tragen mit ihrer Anwesenheit dazu bei, daß die Kaiserstraße wieder repräsentativ ist. Ob sie all die Kleinigkeiten bemerken und ob sie ihnen gefallen? Vielleicht wäre es ihnen lieber, wenn die Kaiserstraße wie die Freßgaß' wäre, jene geleckte Edelfreßmeile in der City, wo Delikateßhändler eine ganz normale Bratwurst für teures Geld als Frankfurter Spezialität verkaufen? Nein, nein, sagen sie, das Viertel habe seinen Charme, das solle so bleiben. Aber man kann es ihnen nicht glauben.

Sie bemerken gewiß nicht die Kleinigkeiten. Etwa, daß in »Dr. Müller's Video-Peep-Show« eine Temperatur herrscht wie im Kühlhaus. Und daß dort zwar mit Plastiktüten ausgeschlagene Eimer für die Papiertücher stehen, die Mann beim Betrachten der Videos braucht – es aber keine Papiertücher gibt. Anders in der »Pleasure Sex Show« Ecke Weserstraße. Dort hängen in allen Kabinen

Kleenex-Rollen. Das ist vorbildlich. Und sie bemerken gewiß nicht, wie die Hütchenspieler nach der Polizei Ausschau halten und flugs alles zusammenräumen, sobald ein Streifenwagen um die Ecke biegt. Im heißen Sommer 2003 wurde eine Gruppe Hütchenspieler von einer Gruppe Polizisten verfolgt. Das war lustig. Beide Gruppen rannten dreimal ums Karree Kaiserstraße, Moselstraße, Taunusstraße, Am Hauptbahnhof. Die Spieler vorneweg, die Oberkörper im Laufen leicht nach hinten gebeugt, so wie die Daltons bei Lucky Luke. Die Polizisten hinterher, sie wirkten eher unkoordiniert. Die Jagd endete nach zehn Minuten, als die Spieler in der Taunusstraße standen und schnauften und die Polizisten in der Kaiserstraße standen und schnauften.

Und sie bemerken gewiß nicht Günter, dessen Bier zur Zeit schneller warm wird, als er es trinken kann. Günter ist ein ganz normaler Penner und ein klasse Kerl. Mehr gibt es zu ihm nicht zu sagen, außer dem, was es über alle Penner zu sagen gäbe. Daß er seinen Job verloren hat, daß es dieser Teufelskreis ist und, und, und. Das sind Dinge, die interessieren niemanden in der Kaiserstraße. Schon gar nicht an einem dieser heißen Sommertage, wo es aus der Passage unter dem Hotel »Kaiserhof« so herrlich nach orientalischen Gewürzen riecht.

Von Interesse ist da schon eher dieses Filmteam, das da vorne neben dem Tanklöschfahrzeug der Feuerwehr und den Wehrmännern in den hellblauen Hemden gerade mit der Arbeit beginnt. Geübten Beobachtern ist nämlich längst aufgefallen, daß die blonde Hauptdarstellerin, die gerade in einem Klappstuhl sitzt, einen Saft trinkt und geschminkt wird, unter ihrem kurzen, engen Röckchen, das gerade mal ihren Hintern bedeckt, kein Höschen trägt. Das wäre gerade hier im Viertel, in dem man für ein paar Euro so viele nackte Ärsche angucken kann, wie sie die Welt noch nicht gesehen hat, nichts Besonderes. Denkt man. Doch irgendwie macht sich eine wohltuend gespannte Unruhe breit. Die Wehrmänner haben das noch gar nicht bemerkt, nur einige Wissende schauen gelegentlich hin. Günter, natürlich. Und zwei Hütchenspieler. Und zwei Junkies. Das ist bemerkenswert, denn eigentlich meint man, die Junkies würden gar nichts mitkriegen. Ein Irrtum. Wenn es nichts kostet, da guckt man sich auch etwas an, das man eigentlich gar nicht sehen will.

Das sind also so die Kleinigkeiten in der Kaiserstraße, die eigentlich gar nicht wichtig sind und deswegen diese Straße so spannend machen. Man könnte ewig hier verweilen, und nicht wenige Frankfurter Mitbürger »mit Migrationshintergrund«, wie es so schön heißt, tun dies auch. Das Bahnhofsviertel ist ein eigener kleiner, geschlossener Kosmos, den man nicht wirklich verlassen muß. Er ist der einzige Ort Frankfurts, wo Fische auf der Straße verkauft werden. Mehrere Händler in der Münchner Straße legen ihre Fische draußen auf Eis, man kann sie angucken, anfassen, riechen – es ist eine Wonne. So manche brave Hausfrau aus deutschen Landen bekommt zwar einen Würgeanfall, wenn sie die leckeren Tiere, und vor allem die Fliegenschwärme ringsumher, sieht, doch den Bahnhofsviertelbewohner kümmert's nicht. Und viele, viele wahre Feinschmecker auch nicht, die von weit her ankommen, um dort ihre Fische zu kaufen – preiswert, frisch und in vorzüglicher Qualität.

Gewiß, das Viertel lebt vornehmlich von seiner Vergangenheit, und preist man seine Vorzüge, wird man nicht selten als Sozialromantiker bezeichnet. Doch es ist besorgniserregend, wie viele Häuser hier modernisiert und zu Edelhotels oder Bürogebäuden umfunktioniert werden. Einst wurde das Viertel für mehr als zehntausend Bewohner errichtet, heute leben hier gerade mal noch knapp zweitausend. Der Leerstand ist also gewaltig. Dennoch wird die alte Struktur des Viertels durch die Umwandlung langfristig zerstört werden. Aber noch wird man einige Jahre lang erahnen, fühlen und schmecken können, welcher Geist hier einst wehte. Früher, als es noch legendäre Kneipen wie »Charly's Pinte« in der Moselstraße gab. Bis drei in der Nacht war es hier leer, bis neun am Morgen rappelvoll. Oder als am Wochenende Tausende amerikanischer GIs aus den Kasernen in Frankfurt, Gießen, Babenhausen, Fulda, Mainz, Hanau und Kirchheimbolanden einfielen. Man muß nur heute mal ganz genau auf den Asphalt achten, am besten in der Mosel-, Elbe- oder Taunusstraße. Kleine, schwarze Flecken sind zu sehen. Hunderttausende, vielleicht Millionen kleiner, schwarzer Flecken. Jeder dieser kleinen, schwarzen Flecken weiß eine Geschichte zu erzählen. Es sind nämlich Kaugummis. Chewing Gums. Ausgespuckt vor Jahren oder gar Jahrzehnten von Hunderttausenden, vielleicht Millionen amerikanischer Soldaten, die hier nachts durchs Viertel streiften, auf der Suche nach einem schnellen, billigen Erlebnis mit einem deutschen Frollein.

Die vielen Kleinigkeiten: Man muß nur genau hinsehen, dann kann man sie entdecken. Und noch ein kleiner Tip für ängstliche Auswärtige: Nein, das Frankfurter Bahnhofsviertel ist nicht gefährlich. Sogar Frauen können sich nachts alleine in der Kaiserstraße sicherer fühlen als beispielsweise im menschenleeren Westend. Dafür gibt es mehrere Gründe. Erstens ist nachts im Viertel jeder fünfte Passant ein Polizist in Zivil, zweitens werden kleine und größere Streitereien gewisser Herren ausschließlich untereinander ausgetragen, und drittens sind es fast immer böse Menschen von außerhalb, die unbedarfte Passanten belästigen. Kommt das doch einmal vor, sind in der Regel die aufmerksamen Wächter gewisser Kreise im Viertel noch schneller zur Stelle als die ebenfalls ungeheuer fixe Polizei. Und die Bösen von außerhalb erwarten sehnlichst das Eintreffen der Beamten und strecken ihnen bereitwillig beide Arme entgegen. Denn die Wächter gewisser Kreise sind längst nicht so höflich wie die staatlichen Ordnungshüter.

Klar, auch im Bahnhofsviertel gibt es gewisse Verhaltensmaßregeln, doch die sind eher allgemeiner Natur. Wer beispielsweise nachts um halb vier auf dem Trottoir der Moselstraße von einem netten jungen Mann zu unglaublich günstigen Konditionen eine Digitalkamera kauft, braucht sich gar nicht erst bei der Verbraucherschutzzentrale zu melden, wenn das Gerät unerwarteterweise gewisse Mängel aufweist – wenn er das Gerät überhaupt lange behalten kann. Denn meistens findet sich schon nach wenigen Minuten ein netter Herr in Uniform, der einem die Last abnimmt und das Gerät als Diebesgut konfisziert. Ebenso ist es nicht unbedingt ratsam, als alleinstehender Herr einer alleinstehenden Dame in einer Nachtbar ein Fläschlein Sekt auszugeben. Wer dies tut, ist selber schuld. Und wenn man dann mal wieder in der

Zeitung liest, daß ein schwedischer Geschäftsmann in der Elbestraße überfallen wurde und um 43 000 Euro, 16 000 US-Dollar sowie weitere 5000 Dollar in Reiseschecks erleichtert wurde, zucke man leicht mit den Schultern und wundere sich nicht weiter. Der Mann wußte offensichtlich von der Weisheit der alten Schweden, wonach Geld den Charakter verdirbt, und wollte es so schnell wie möglich loswerden. Und so was riechen die Jungs im Viertel fünfzig Meter gegen den Wind. Gelernt ist schließlich gelernt – und ein kleines bißchen Ganovenehre ist schon noch vorhanden in dem einst so berüchtigten Viertel vor dem Hauptbahnhof zu Frankfurt am Main. Gott sei Dank aber auch. Wo kämen wir denn sonst hin?

# 4.

# *Vom Schmuddelviertel zur Innenstadt*

Geht man nun von der Kaiserstraße in Richtung Stadtmitte, so vollzieht sich schlagartig das, was die Menschen, die Frankfurt lieben, an Frankfurt lieben. Binnen weniger Fußgängerminuten nämlich gelangt man von einer Welt in die andere. Von jener, in der Fische auf der Straße liegen, in die, wo man mit Geld Geld verdient. Vorweg sei jedoch gesagt: Das Frankfurter Bankenviertel ist nichts Schlimmes, ganz im Gegenteil. Es strahlt sogar einen gewaltigen Charme aus. Das Viertel wird mittlerweile auch in den Kreisen, welche früher aus politischen Gründen im Sommer kein Heizöl kauften, wertgeschätzt. So, wie der Frankfurter nach langer Zeit endlich seinen Main liebt, neigt er mittlerweile sogar dazu, seine Hochhäuser zu mögen. Zumindest ist man sehr, sehr stolz auf sie, denn sie bilden die Identität der Stadt. Spaziert man von der Kaiserstraße vorbei am Eingang zum höchsten Haus Europas, hat man als Frankfurter ein recht wohliges Gefühl dabei. Gewiß, drinnen war kaum einer, und nur die wenigsten werden je in ihrem Leben dort hineinkommen. Doch das nimmt der Frankfurter nonchalant. Auch ein Bembel ist ein Wahrzeichen Frankfurts, und da war schließlich auch noch niemand drin. Obwohl die Legende sagt, daß Otto Rumeleit, jahrzehntelang Präsident der Vereinigung selbstkelternder Apfelweinwirte, nach seinem Ableben im Jahre 1999 in einem großen Bembel beerdigt worden sein soll. Doch das ist Stammtischgebabbel.

Geht man nun weiter in Richtung Innenstadt, kommt man am Kaiserplatz zu einer der faszinierendsten Einrichtungen Frankfurts, der Niederlassung von Mercedes-Benz. Nennen wir den Konzern mal so, denn seinen ständigen Namensänderungen kann kein Verlag der Welt folgen, wenn es um die Aktualisierung eines Buches geht. Dieser Automobilkonzern hat es geschafft, die beiden Gegenstände »Geländewagen« und »Latte Macchiato« formvollendet miteinander zu verbinden. Das Autohaus ist nämlich gleichzeitig ein Kaffeehaus, so daß hier Menschen nur wenige Zentimeter neben polierten Kraftfahrzeugen mit grobstolligen Reifen sitzen und mehr oder minder grazil in ihrem Milchschaum herumstochern. Dazwischen huschen behende Dienstleister umher, von denen man nicht weiß, ob sie nun Kellner oder Kfz-Verkäufer sind. Am schönsten ist, daß man durch die großen

Schaufenster alles wunderbar von draußen beobachten kann, was nicht wenige Frankfurter gerne tun, selbstverständlich nicht, ohne den einen oder anderen Kommentar loszulassen: »Wenn des so weitergeht, könne mer bald auch im Parkhaus Kaffee trinke.« Kurzum, man merkt: Mit jedem Schritt Richtung Innenstadt wird Frankfurt mehr zur Business-Stadt. Und so erreicht man nach wenigen Minuten ein weiteres Faszinosum: die Zeil. Diese Fußgängerzone, die eigentlich aussieht wie alle Fußgängerzonen in der westlichen Welt, also sterbenslangweilig, hält sich angeblich seit Jahren an der Spitze der deutschen Umsatzpyramide. Klartext: Nirgendwo in Deutschland wird mehr Geld ausgegeben als hier. Weder auf dem Berliner Ku'damm, auf der Düsseldorfer Königsallee noch der Münchner Maximilianstraße. Doch wofür, fragt man sich? Für Handy-Klingeltöne? Für Nagelfeilen, Eierschneider, Haarbürsten und Schuhlöffel, das Stück zu 99 Cent? Für T-Shirts aus Fernost für je einen Euro? Selbst wenn man die Umsätze der Kleindealer, die vorne an der Konstablerwache vornehmlich mit Haschisch und Marihuana handeln, miteinbezieht, erscheint diese Spitzenstellung fragwürdig. Wo also liegt das Geheimnis der Zeil?

Zugegeben, so manches Mal, da ist es gar nicht so schlecht auf der Zeil. Es heißt ja immer, solche Haupteinkaufsstraßen würden gemieden von den Bürgern einer Stadt. Zu teuer, zu anonym, zuviel Nepp. Das mag woanders so sein. Nun sind wir aber ja in Frankfurt, und dort ist bekanntermaßen so ziemlich alles anders als in anderen Großstädten. Samstags, zum Beispiel, zieht es den zivilisierten Großstädter mit Sinn für Genüsse wie von magischer Hand auf die Konstablerwache. Ein herrlicher Platz, in seiner anmutigen Tristesse erinnert er unbedingt an den Ostberliner Alexanderplatz zu besten DDR-Zeiten. Herrlich, dieses graue Karree an jener Stelle, wo die Zeil vom Schmuddelvögelsträßchen zur sogenannten Shoppingmeile wird.

Unter der Woche stehen dort nette junge Männer aus dem schönen Norden Afrikas und bieten den Passanten leise ihre Ware an. Geht das auch viel diskreter als auf ihren heimischen Basaren, fühlt man sich dennoch urplötzlich an das bunte Treiben auf einem Marktflecken in Marrakesch, Tunis oder Casablanca erinnert. Diese bunte Vielfalt der Waren, die Gerüche einer fremden, mystischen Welt und das muntere Treiben lassen den ahnungslosen Besucher vor Faszination erstarren. Hat man ein bißchen Glück, so sieht man auch ein Häuflein deutscher Polizisten mittenmang, daran erkennbar, daß sie so penetrant nicht aussehen wie deutsche Polizisten.

Doch selbst der Ungeübte kann sie sofort erahnen. An ihrem Gang etwa, der an das schlaksige Schlendern der A-Jugend-Spieler eines ländlichen Fußballvereins erinnert. An ihren gepflegten Oberlippenbärten, wie sie nur Apfelweinkellner, Fahrlehrer und Polizisten tragen. Hegt man Zweifel, so schaue man auf ihre Hände – und wird dort fast immer einen Ehering entdecken, so gewaltig, so schlicht, so einfach und dennoch geschmacklos und so ungroßstädtisch gülden, wie sie nur von Polizisten unterer Dienstgrade übergestreift werden. Es sind Mahnmale an das Gute, das Beständige und an die Geborgenheit der Orte, aus denen die Polizisten wegberufen wurden, um im großstädtischen Sündenpfuhl für die Gerechtigkeit einzustehen. Die Ringe sind Hommagen an Ansiedlungen wie Leidenhofen, Linsengericht, Gründau-Lieblos, Rod oder Bermuthshain-Völzberg, es sind edelmetallene Durchhalteparolen an die einsamen Ehefrauen, die dort in Einbauküchen sitzen und wie einst die Seemannsbräute an der Küste auf die unversehrte Wiederkehr ihrer Männer warten.

Bei genauem Hinsehen wird man also entdecken, wie sich die Herren in Zivil vermeintlich unauffällig unter den lustigen Haufen der Handeltreibenden mischen, die jäh und unvermittelt ihr Treiben unterbrechen und mit einem lustigen Liedlein auf den Lippen zielstrebig in Richtung der Hamburgerbraterei an der Ecke Große

Friedberger Straße schlendern. Plötzlich aber tut's einen Schlag, das Häuflein Polizisten stiebt auseinander und setzt sich gezielt und aus mehreren Richtungen vorstoßend auf die Fährte eines einzelnen, offensichtlich zuvor ausgesuchten jungen Händlers. Schon nach wenigen Metern ist er eingeholt, wird wie eine Wachtel auf einer spanischen Grillplatte breitflügelig an die Wand gepreßt und durchsucht. Dann wendet sich einer der Polizisten ab, brabbelt mit ernster Miene einige Sätze in ein im Vergleich zu den grazilen Handys der jungen Händler klobig wirkendes Funkgerät und wartet auf eine Antwort. Nach wenigen Minuten schließlich ist alles vorbei, und der junge Händler schlendert wieder seines Weges, abermals ein lustiges Liedlein auf den Lippen. Eine herrliche Darbietung, welche zunehmend auch von Touristengruppen voller Interesse beobachtet wird.

Samstags aber, da ist alles anders. Verschwunden sind die jungen Händler, statt dessen tummeln sich auf der Konstablerwache robuste Gesellen aus der Wetterau, dem Vogelsberg, der Rhön oder aus Rheinhessen. Samstags ist der Markt in Bauernhand, da ist kein Platz für nordafrikanische Handelsleute. Natürlich geht dies einher mit einer Veränderung des Angebots. Neben Rohmilchkäse, Honig, Preßkopf, Schafsmilch und »tiefgefrorenen Maiskolben zum Selbermachen« werden samstags auf der

Konstablerwache nämlich auch Drogen verkauft. Besonders hervorgetan hat sich in diesem Bereich ein junger Wilder aus Rheinhessen, in Fachkreisen unter dem Decknamen »Rudi« bekannt. Rudi stellt seine Rauschmittel unter der Woche selbst her, um sie samstags einer immer größer werdenden Schar Abhängiger zu verticken, zu der übrigens auch der Schreiber dieser Zeilen zählt, wie er an dieser Stelle wohl bekennen muß. Zu diesem Zwecke hat Rudi Tische aufgebaut, an denen sich ab circa 13 Uhr Horden von Menschen drängen. Rudi kennt seine Leute, er weiß ob ihrer Bedürfnisse und läßt sich immer neue Mischungen einfallen. Sein neuestes Produkt vertreibt er unter dem Namen »Grauburgunder«. Er füllt es in handliche 0,75-Liter-Flaschen, die er mit eigenen Etiketten aus Papier beklebt. So dauert es nicht lange, bis sich die Menge beruhigt. Man fängt an, wieder miteinander zu reden, raucht Zigaretten, sogar der Appetit kehrt zurück, und nicht wenige schleichen davon, sich am benachbarten Stand eine Kartoffelbratwurst zu kaufen oder eines jener riesigen Schnitzel im Brötchen. Gegen 16 Uhr ist alles vorbei, die Leiden sind gelindert, und Rudis Kunden gehen zufrieden heim und legen sich wieder hin.

Nähert man sich dergestalt der Faszination »Zeil«, kann nicht mehr viel schiefgehen. Man hat den Geist dieser Meile schon verstanden und stellt sich die Frage, ob Rudis Umsätze bei jener Erhebung mitgezählt wurden, welche besagt, die Zeil sei die umsatzstärkste Einkaufsstraße Deutschlands. Vermutlich schon. Wo sonst sollten schließlich die Umsätze getan werden? Im vorderen Bereich, dort, wo die Zeil noch mit Autos befahrbar ist? Kaum. Die kleinen Puffs liegen in den Seitenstraßen, und auch dort fällt maximal ein Zwanziger pro Einsatz an – also zuwenig.

Also auf den Hauptteil der Zeil, die Fußgängerzone. Ins Untergeschoß von Karstadt beispielsweise, und das vornehmlich am Samstagnachmittag kurz vor Kassenschluß. Heißa, was für ein Trubel. Samstags sind die Schlangen im Karstadt länger als bei Aldi – und zugegebenermaßen stehen dort ausnahmslos interessante Menschen. Die Feinkostabteilung bei Karstadt ist einer der wenigen Orte Frankfurts, wo die Urbanität der Stadt kräftig spürbar wird. Man merkt sofort: Hier sind die Feingeister unter sich. Man unterhält sich gepflegt an der Käsetheke über die (nicht vorhandenen) Unterschiede zwischen Gruyère und Greyerzer, man prüft beim Fleischstand die feine Maserung des Filetsteaks und drückt um einen Hauch verspielter auf die Avocados, als man dies bei REWE oder

PLUS zu tun pflegt. Und kaum jemand regt sich über die halbstündige Wartezeit vor der Kasse auf. Es ist schließlich Wochenende, und man ist unter sich und kann en passant noch mit dem Nebenmann plaudern.

Kommt man schließlich vollgepackt aus dem Karstadt-Untergrund wieder hervorgekrochen, so ist man abermals mit der prallen Realität konfrontiert. Man befindet sich nun exakt an der Stelle, wo einst die Kelly Family ihre ersten Musizierversuche unternommen hat. Und mehr ist nicht zu berichten über die Zeil. Der Rest nämlich ist durchaus zu vernachlässigen. Es lohnt nicht, Worte zu verlieren über die Fitneß Company, jenen modernen Turnverein, der schon morgens die gesamte Zeil mit seiner scheppernden Hupfdohlenmusik beschallt. Auch über die unzähligen Läden nicht, die schier monatlich den Besitzer wechseln, aber konstant nur Baumwollschrott aus Drittweltländern anbieten, die Schuhgeschäfte, die Handyläden und die Verkaufsstellen der Großbäckereien und -metzgereien mit ihrem Einheitsessen für Gestreßte und Kauffaule. Qualität ist selten geworden auf der Zeil, die gebratene Gänsekeule mit Rotkraut und selbstgestampftem Kartoffelpüree im Restaurant von M. Schneider – sie ist schon längst Geschichte. Denn mit der Schließung dieses legendären Kaufhauses im Jahre 1999 wurde auch eine Frankfurter Institution vernichtet. Bundesweit berühmt wurde sie 1968, als Andreas Baader hier für die RAF übte und eine kleine Bombe hinterlegte. Der denkbar falscheste Ort für ein solches Tun.

Alles begann im Jahre 1908, als Gottlob Beilharz in alle Frankfurter Tageszeitungen eine große Annonce setzte. »Kein Fremder sollte die Besichtigung meines neuerbauten Kaufhauses unterlassen. In dem herrlichen Bau sind in übersichtlichster Weise die reichsortierten Lager geordnet, die unter anderem eine Fülle der entzückendsten Neuheiten enthalten«, pries der damalige Besitzer sein Kaufhaus M. Schneider als »Sehenswürdigkeit Frankfurts«.

Das Kaufhaus M. Schneider hielt sich 101 Jahre, und es war anders als all die andern auf der Zeil. Anders als zum Beispiel jener von stieren Schwarzgekleideten bewachte Neubau namens »Les Facettes« ein paar Häuser weiter, wo die Kunden zuerst auf Rolltreppen hinaufgefahren werden und dann in der Art eines Viehabtriebs wieder herabgehen müssen. Unterwegs dürfen sie kaufen, etwa in Läden wie dem »Handy-Shop«, der »Shirt-Print Factory«, dem »Game Store« und der »Voice-Snack-Bar«, wo man Produkte wie »Sandwich al Bacon« kaufen kann. Allerdings war auch bei diesem Gebäude ein Herr Schneider am Werk. Ein Jürgen Schneider. Doch der war kein guter Geschäftsmann und ein Kreditbetrüger obendrein – und deswegen sitzt er nun und spielt sich an den Peanuts. Nicht schön für ihn, schlimmer noch für die Frankfurter, die Tag für Tag seine Hinterlassenschaften ansehen müssen. Da war Herr Michael Schneider anders. Er gründete bereits sein Kaufhaus 1887 mit eigenem Geld, 1899 übernahm es der Textilkaufmann Beilharz, und bis zuletzt war es in Familienbesitz. Auch hier gab es an Textilien und Möbeln fast alles, Modisches und vor allem Traditionelles. Doch M. Schneider war immer Kaufhaus und nie eine mutwillig zusammengebastelte Erlebniswelt. Hier fuhren keine tutenden Dampflokzüge ums Haus, hier gab's keine Jingle Bells, und hier rannten keine als Christkind verkleidete Tagelöhnerinnen durch die Abteilungen.

Wo bei der Konkurrenz im Erdgeschoß geschminkte Damen ohne Eigenschaften neben Parfümflakons drapiert die Philosophie des Unternehmens schonungslos offenlegen, standen bei M. Schneider echte Menschen mit geballter Kenntnis der wesentlichen Dinge des Lebens. Während in anderen »Basements« etwas von »Chanel« gehaucht wird, wußte man im Erdgeschoß von M. Schneider, daß Unterhosen älterer Herren nach Gebrauch hinten braune und vorne gelbe Flecken aufweisen. Während anderswo neuklug etwas von »Dessous«, »Bodys« und

»Bustiers« gegackst wurde, griff man bei M. Schneider der Kundin mal eben in den Büstenhalter, um zu sehen, »ob der auch richtig paßt? Naa, Frolleinsche, da is noch Luft.« Das alles in der Abteilung »Damen-Trikotage« im hinteren Seitentrakt, versteckt vor neugierigen Männerblicken. Die Miederabteilung des M. Schneider wurde seit Jahrzehnten als Geheimtip für Damenunterwäsche gehandelt, und dies durchaus auch bei jüngeren Damen. Ähnliches spielte sich bei den Stoffen ab, jenen Hunderten bunter Ballen und Rollen, die in der Mitte des Erdgeschosses lagen. Korpulente Damen mit Maßbändern, Zollstöcken und dreißig Jahren Verkaufserfahrung strahlten hier eine Souveränität aus, die jeden Pariser Couturier vor zornigem Neid erblassen ließe. Sie konnten die Wirrungen eines Schnittmusters lesen wie ein alter Schaffner das Kursbuch. Etwa dreißig dicke Kataloge waren dort ausgelegt, die Kundinnen saßen auf braunen Hockern davor und blätterten. Hatte eine was gefunden, genügte ein Griff in die Holzschublade, und der gewünschte Plan wurde ausladend auf dem Tisch ausgebreitet und wonnig diskutiert. Und dann natürlich die »Kurzwaren«: Knöpfe, Reißverschlüsse, Garn und Nadelzeugs, ein stationärer Bauchladen, so alt wie das Kaufhaus selbst. Mindestens fünf Verkäuferinnen kannten sich hier aus, geballte 150 Jahre Erfahrung im Umgang mit Knöpfen und Kundinnen. Sie wußten die exakt 1214 Röllchen Gütermann-

Garn zu unterscheiden, sie konnten sagen, in welchen der 3900 Plastikdöschen welche Knöpfe zu finden waren, sie kannten die Reißverschlüsse. Sie nahmen sich auch mal zwanzig Minuten Zeit, um zusammen mit einer silbermelierten Kundin ein Stück silbrigen Blusenstoffs neben einen noch silbrigeren Blusenknopf zu halten und Sätze wie »Ei, des Kneppsche könne Se sogar zu Ihrm Goldschmuck traache« zu sagen.

Hatte man im Kaufhaus M. Schneider das Erdgeschoß bewältigt, konnte man entweder mit der Rolltreppe nach oben fahren oder sich zum Aufzug bewegen. Ein kleines Messingschildchen, neben der Tür angebracht, half dem Besucher weiter. »Ich will nach oben«, stand da drauf, und ein Pfeil wies auf den Aufzugknopf. Drückte man ihn, kam man hoch. Hinauf zur Tischwäsche, zur Herrenoberbekleidung, zu den Möbeln und Lampen, zur Auslegeware, zur Abteilung »Orient und Berber«, zur Bettfedernreinigung und zu den großen Kästen mit durchsichtigem Deckel, wo es die herrlichsten Daunen lose zu kaufen gab. Vom »weißen 1a orig. Pilsener Bauernflaum« zu 700 Mark das Kilo bis zu den »weißen ungarischen orig. Gänse ½ Daunen« für 80 Mark.

»Na, Sie japse awwer ganz schön heut«, hieß es da bei den Schuhen, als sich die üppige Kundin ächzend auf den Schemel fallen ließ. »Ach, was maane denn Sie, wie mir heut die Füß weh tun«, wurde dankbar entgegnet. Heute merkt ja gar keiner mehr, wo's den Kunden schmerzt. Und fuhr man nun noch höher, warteten im fünften Stock der »Zuschneidedienst« sowie die »Ausstellung: Polstermöbel, Gardinen-Dekoration«. Man kam nun – vorbei am lodengrünen Fernsehsessel »TV 2000 Modell Peter mit Motor« – schließlich ganz nach oben, in den sechsten Stock. Dort war dieser Bereich, der anderswo »Schlemmerland« genannt wird, wo hungrige Kunden an der »Free-Flow-Theke« mit Speisen wie »Hirsebratlingen«, »Schwein Jang Tze« oder »Nachos« gefoltert werden und sich ihre »Pasta« an der »Nudelbar« selber ausstechen dürfen. Anders bei M. Schneider. Man hatte sich hier ein Kleinod der Restauration erhalten, seit Eröffnung des Kaufhaus-Neubaus im Jahre 1955 weitgehend unverändert und natürlich bei der Schließung des Hauses herrlich veraltet. Im Jargon des Hauses wurde der Bereich immer noch »Erfrischungsraum« genannt: ein riesiger Raum mit Zimmerpflanzen, beigefarbenem PVC-Boden, 360 kühn geschwungenen braunen Holzstühlen und einem grandiosen Blick über Frankfurt, der zum längeren Verweilen einlud. Geboten wurden Köstlichkeiten wie »Blätterteigpastete Königin-Art«, »Toast Hawaii«, »M.-Schneider-Toast«, »Königsberger Klopse« oder auch »Gänsekeule mit Schmorapfel, Rotkohl, roher Kartoffelkloß« in verblüffender Qualität. Die Art, wie Küchenmeister Manfred Girrbach hier dreißig Jahre lang unverändert arbeitete, könnte so manchem Jungkoch in einem der unzähligen Szenecafés der Umgegend zum Vorbild gereichen. »Bei mir kommen keine Convenience-Produkte auf den Tisch«, sagte der Mann mit der hohen Mütze in überraschendem Neudeutsch, »ich kaufe meine Hühner frisch und verarbeite sie von der Suppe bis zum Frikassee.« Sogar sein Rotkraut raspelte er selbst, nur die Ananas auf dem Hawaii-Toast mußte traditionell aus der Dose kommen. Mittags war immer voll, Hunderte von Stammgästen wurden von den neun Serviererinnen im Schwarzen und von Restaurantleiter Wolfgang Bauer persönlich begrüßt. Viele ältere Leute und immer mehr junge, die den Bistro-Trubel satt hatten und anständig essen wollten – mit silbernem Besteck mit M.-Schneider-Gravur, versteht sich. Und am Nachmittag gab's frischen Kuchen, »und zwar 14 Stück pro Torte und nicht 16 wie anderswo«, wie Bauer stolz betonte.

Ein Jahr vor der Schließung sagte Jochen Börgmann, der Geschäftsführer des Hauses, noch stolz, es gehöre zum Stil des Unternehmens, daß »niedrigere Pro-Kopf-Umsätze« gemacht würden als anderswo. Es hat dann doch nicht gereicht. Ende 1998 war Totalausverkauf, und halb Frankfurt weinte. Alle betrauerten den Niedergang, doch fast jeder mußte sich fragen lassen: »Wann warst denn du das letzte Mal bei M. Schneider?« Die wahren Leidtragenden waren Hunderte von älteren Menschen, die in der Innenstadt plötzlich keine Möglichkeit mehr hatten, angemessen Mittag zu essen. Angemessen, das heißt in diesem Fall mit Messer und Gabel, im Sitzen, mit Service und möglichst mit einer Speisekarte, auf der Gerichte wie Königsberger Klopse, Spinat mit Spiegelei oder freitags Backfisch mit Kartoffelsalat stehen. Dafür aber ist in der mittäglichen Sushi-, Wraps- und Rucola-Welt rund um die Frankfurter Zeil kein Platz mehr. Wohl sprießen seit einiger Zeit sogenannte »gutbürgerliche Restaurants« aus dem Boden, die sich angeblich der Frankfurter Küche besinnen, doch kostet dort ein Rippchen soviel wie andernorts ein halbes Schwein – und bevor hier das Meckern und Mosern über dieses Thema losgeht, sei auf eine andere Stelle in diesem Büchlein verwiesen, die sich eingehend den kulinarischen Unzumutbarkeiten widmet, wohl aber auch der schönen, wahren, guten Frankfurter Küche.

# 5.

## *Essen und Trinken – und was so alles damit zusammenhängt*

Nun ist es an der Zeit, mit einem Vorurteil aufzuräumen, das sich seit Jahrzehnten hartnäckig hält und in Wahrheit jeder realistischen Grundlage entbehrt. So heißt es überall, in Frankfurter Apfelweinkneipen werde man zuweilen unfreundlich bedient. Das ist falsch. In Frankfurter Apfelweinkneipen wird man nicht »zuweilen unfreundlich bedient«, sondern man wird fast immer behandelt wie der letzte Husten. Es ist tatsächlich kaum zu glauben, mit welcher Selbstverständlichkeit in vielen Gaststätten dem Gast begegnet wird, als wäre er ein einzelliger Vollidiot, nur weil er als zivilisierter Mensch seinen Handkäs gerne mit Messer und Gabel essen würde, statt wie ein Kandidat von »Wetten dass ..?« zu versuchen, möglichst viele kleingeschnittene, in einer glitschigen Ölbrühe schwimmende Zwiebelstückchen mit dem Messer auf sein Butterbrot zu bugsieren. Gewiß, Traditionen sind eine hübsche Sache, doch mit der gleichen Begründung könnte man auch das Schupfen wieder einführen. Bei dieser Art der Bestrafung wurden im Mittelalter Diebe und Zechpreller in einen Korb gesperrt und mehrmals von der Alten Brücke aus in den Main geworfen. Bei so manchem Apfelweinwirt hat man tatsächlich den Eindruck, als hätte er den Schupfkorb unter der Kellertreppe stehen und wartete nur genüßlich darauf, ihn alsbald wieder einzusetzen.

Dafür, daß die Moderne nicht immer ein Segen ist und gerade in der Frankfurter Gastronomie in dieser Hinsicht eine Menge Schindluder getrieben wird, werden sich im Verlauf der nächsten Seiten dieses Büchleins genügend Beispiele finden. Kein Mensch braucht Musikgedudel in einer bürgerlichen Frankfurter Gaststätte, ebensowenig wie Putenbruststreifen auf Blattsalaten, Weine aus Südafrika, Austern, mit Limonade versetzten Apfelwein oder Caipirinha im Bembel. Auch Bier mit Litschizusatz ist Frevel und mindestens so verwerflich wie Grüne Soße mit Fertigmayonnaise, Tiefkühlpizza oder irgendeine Happy hour, aus welchem Grund auch immer. Daß sogenannte »Events« woanders stattfinden sollten, eine Apfelweinkneipe keine »Location« ist und erst recht keine Stätte zum »Chillen«, müßte sich von selbst verstehen. Aber den Gast in alter abendländischer Tradition zu begrüßen und ihm wenigstens im Ansatz zu verstehen zu geben, daß er hier willkommen sein könnte, das sollte man von einem Wirt oder einem Kellner in einer Großstadt wie Frankfurt doch erwarten.

Leider ist man besonders im so vielgerühmten Kneipenviertel weit davon entfernt, eine Oase der Dienstleistung zu sein. Wird man vom Ober angeraunzt, hilft es wenig, sich zu sagen: »Der meint das nicht so, wahrscheinlich ist der sogar richtig nett.« Der Ober meint es nämlich mit hundertprozentiger Sicherheit so, und er ist ein Stoffel. Soviel vorab. Es bringt nichts, ein Apfelweinlokal mit falschen Erwartungen zu betreten. Es zu meiden wäre allerdings ebenfalls grundverkehrt. Denn auch wenn dies nun eigenartig klingen mag: Es ist in der Regel richtig nett dort. Das Apfelweinlokal strahlt im Prinzip eine sehr angenehme archaische Form der Gastlichkeit aus – wenn nur das Personal nicht wäre. Doch wenn man bei einem Erstbesuch das Schlimmste befürchtet, kann man eigentlich nur positiv überrascht werden. Und gerät man einmal an einen miesgelaunten Katastrophenkellner, ist dies im Prinzip auch nicht so schlimm – wenn man sich zu verhalten weiß.

Am besten punkten kann man, wenn man den garstigen Ober bei seiner Ehre packt. Klar, die galante Art ist da schon etwas für Fortgeschrittene. Unlängst servierte einer dieser Gesellen in einem sehr bekannten, von außen bemalten Lokal in der Schweizer Straße eine Schweinshaxe, die innen noch gefroren war. Nein, kann nicht »mal vorkommen«. Ist eine Schweinerei. Darauf angesprochen, zuckte die Servicekraft mit den Schultern und sagte im Weggehen: »Jo, die war halt zu kurz im Wasser«, und verschwand. Ein weiteres Meckern hätte nichts genutzt. Erst als der Gast sehr laut blaffte: »Können Sie mir bitte mal einen Kellner schicken?«, und alle Gäste im Raum in lautes Lachen ausbrachen, kam der Bursche wieder herbeigeschlichen. Geht doch. Trefflich geeignet sind auch Sätze wie: »Was sind Sie eigentlich im Hauptberuf?« Oder: »Haben Sie einen Engpaß, weil jetzt schon die Küchenhilfen im Service aushelfen müssen?« Passieren kann eigentlich nichts, es gibt genau zwei Möglichkeiten: Entweder man wird nun anständig bedient, oder man fliegt raus. Und beides sind schließlich akzeptable Lösungen. Greift nämlich Variante eins nicht, so möchte man schließlich sowieso nicht dableiben. Frankfurter Apfelweingaststätten sind perfekt geeignet für Klienten, die gerade in einer Therapie zu lernen versuchen, sich besser durchzusetzen und dadurch an Selbstwertgefühl zu gewinnen. Trauen Sie sich! Man staunt, wie schnell die maulfaulen Burschen in ihren furchteinflößenden Lederschürzen den Schwanz einziehen und zu ganz normalen, einigermaßen aufmerksamen Kellnern werden. Daß sie sich damit auch ein üppiges Trinkgeld verdient haben, zeugt erstens von der inneren Größe des Gastes und schürt zweitens die Hoffnung auf die Lernfähigkeit des Kellners.

Aber bei aller Kritik, das Publikum ist manchmal ebenso ignorant. Es gibt halt einfach Sachen, die sich nicht gehören und die man aus diesem Grund auch unterlassen sollte. Und sei es allein aus Gründen der Gastfreundschaft. So ist es nicht von Nachteil, einige grundsätzliche Verhaltensmaßregeln zu kennen, die man im Grunde genommen an einer Hand abzählen kann. Daß das tönerne Gefäß für den Apfelwein »Bembel« heißt, dürfte ja hinreichend bekannt sein, und daß man zu den Apfelweingläsern »Gerippte« sagt, ist nicht weiter wichtig. Hader kann es beim Thema »Handkäs« geben. So ist es bei Eingeborenen üblich, den Handkäs mit Musik nur mit dem Messer zu essen. Wenn man das kann, gibt das auch kein peinliches Bild ab. Man schmiere sich zuerst sein Butterbrot, dann schneide man ein Stückchen des Käses ab, lege es samt einiger Zwiebelstückchen (mit dem Messer!) an den Rand des Butterbrots und beiße diese belegte Stelle nun behend und zielstrebig ab. Man darf da nicht lange zaudern, sonst fällt das Stückchen Käse vom Brot, klatscht in die Musik (was das ist, wird später erklärt, es handelt sich jedenfalls, kurz gesagt, um eine Marinade), und diese Musik spritzt Ihnen dann aufs Hemd oder aufs Kleid, je nachdem, was Sie gerade so anhaben.

Eine weitere Unart ist es, bei selbstkelternden Apfelweinwirten einen »Süßgespritzten« zu bestellen, also einen mit Limonade gestreckten Apfelwein. Klare Sache, das ist ein Affront gegenüber dem Wirt. Der Mann gibt sich redlich Mühe, einen guten Schoppen zu keltern und auszubauen, und da schüttet man als durchschnittlich zivilisierter Mensch keine süße Limo rein. Basta. Niemand (außer einigen durchgeknallten Amis) käme auf die Idee, beispielsweise im Burgund bei einer Weinprobe im Hause des Winzers Limo oder Cola in einen 2001er Clos des Cortons Grand Cru zu schütten. Ein bißchen so ähnlich ist dies im Hause des Apfelweinkelterers – zugegeben nur ein bißchen, denn wir wollen hier nicht allen Ernstes einen Burgunder mit einem Apfelwein vergleichen. Auch Lokalpatriotismus kennt Grenzen. Aber wir reden ja von der Ehre des Erzeugers und nicht von der Qualität des Produkts. Was mittlerweile toleriert wird, ist der »Sauergespritzte«, also eine Hinzugabe von Mineralwasser mit Kohlensäure. Daß auch dies bis vor einigen Jahren bei einigen Hardlinern verpönt war, entbehrte jeder Grundlage. So ist es beispielsweise beim Whisky eher anzuraten, vor dem Verkosten im Glas etwas Wasser hinzuzufügen, da so die Aromastoffe besser freigesetzt werden. Whiskykenner führen hier gerne den Vergleich an, daß es im Wald nach einem heftigen Regenguß viel intensiver riecht als zuvor. So ist das mit dem Whisky, und so ist es gewiß auch mit dem Apfelwein. Nun gibt es allerdings nicht wenige Apfelweine, deren Aromastoffe man lieber nicht freisetzen sollte, doch das ist ein anderes Thema. Ein weiterer Fauxpas ist die Verwendung des Begriffs »Äppler«. Jedem alten Frankfurter kräuselt es dabei die Härchen im Nacken. Dieser Begriff wurde vor einigen Jahren von einem Großkelterer im Rahmen einer Werbekampagne geboren und fand in Windeseile den Weg in den Sprachschatz der Frankfurter Szenegänger. »Äppler« zu sagen galt in gewissen Kreisen schnell als cool und bei den Eingeborenen als entsetzlich. Also sollte man diesen Begriff in einer richtig alten Apfelweinwirtschaft eigentlich nicht verwenden. Die Betonung liegt allerdings auf »eigentlich«, denn die weitere Verbreitung des Wortes wird mit Sicherheit nicht mehr lange aufzuhalten sein.

In diesem Zusammenhang ein weiterer Tip: Statt sich lange mit der korrekten Aussprache eines Wortes abzumühen, für das selbst der Frankfurter mehrere Varianten kennt und benutzt, sollte der Auswärtige doch lieber gleich »Apfelwein« sagen. Besser ein korrektes Hochdeutsch als ein schlecht nachgemachter Dialekt. Wer jemals die Horden von Schwaben in Berlin gehört hat, die sich erbärmlich wichtigtuerisch mit »det«, »kieken« und »icke« abmühen, der weiß sofort, was gemeint ist. Daß man kein Frankfurter ist, ist eh schon erkannt, warum also lange rumdrucksen mit Wörtern wie »Eppelwei«, »Appelwoi« oder »Äbbelwei«. Ein grober Fehler ist es allerdings, von »Stöffche« zu reden. Dieser Begriff wird in allen Reiseführern als original Frankfurter Ausdruck für Apfelwein geführt, doch kein Mensch, und sei er noch so alt und knorrig und frankfurterisch, bestellt im Apfelweinlokal ein »Stöffche«. Wenn schon, dann bestellt man einen »Schoppen«, doch als Auswärtiger begibt man sich damit schon wieder auf vermintes Gelände. Denn der Begriff Schoppen bezeichnet ja von Region zu Region Verschiedenes. Oft ist ein Glas Wein gemeint oder auch ein Bier, in manchen Gegenden wie der Pfalz und dem Badischen ist ein Schoppen hingegen ein Raummaß und meint einen halben Liter. Der Frankfurter macht es wie immer noch komplizierter. So ist mit einem Schoppen ein Glas Apfelwein gemeint. In sehr alten, traditionsbewußten Lokalen passen da 0,3 Liter hinein. Neumodische Schenken haben Gläser mit 0,25 Liter Inhalt und oft auch welche mit einem halben Liter. Zu beiden sagt man aber nicht Schoppen, sondern spricht von einem kleinen oder einem großen Apfelwein. Doch damit nicht genug. Ordern Sie nämlich in einem Traditionslokal ein Schöppchen, so kriegen Sie nicht etwa einen kleinen Schoppen, sondern ein kleines Glas Bier mit 0,2 Liter Inhalt – und dann sind Sie baff. Deswegen ist es sicherheitshalber anzuraten, einfach einen Apfelwein zu bestellen und zu warten, was geliefert wird.

Nun stellt sich halt verständlicherweise die Frage: Muß man sich das alles wirklich zumuten? Sollte man nicht einfach diesen ganzen Unwägbarkeiten aus dem Weg gehen und gleich ein Bier oder einen richtigen Wein bestellen? Lohnt es sich tatsächlich, Apfelwein zu trinken? Die Antwort lautet eindeutig: nein. Der Apfelwein ist einst aus der Not entstanden, und so schmeckt er noch heute. Jahrhundertelang nämlich waren die Frankfurter vernünftige Menschen und bauten an den sanften Hängen des Mains Wein an. Dies ging auch alles prima, der Frankfurter Wein hatte deutschlandweit einen guten Ruf, er mundete und erzielte gute Preise. Mitte des 19. Jahrhunderts erreichte die aus Amerika eingeschleppte Reblaus das Rhein-Main-Gebiet und vernichtete nahezu alle Rebstöcke in Frankfurt. So machte man aus der Not eine Tugend und begann, Äpfel zu keltern und Wein zu machen. So begann sich das Getränk zu etablieren, und schon wenige Jahre später dachte niemand mehr daran, wieder richtigen Wein anzubauen.

Der Feinschmecker sieht diese Entscheidung mit gemischten Gefühlen. Apfelwein ist in der Tat nicht jedermanns Sache. Es gibt Menschen, die behaupten, man müsse ihn zwei Jahre lang trinken, dann beginne er zu schmecken. Andere leben schon seit mehr als 25 Jahren in Frankfurt und haben in dieser Zeit vielleicht drei Schoppen zu sich genommen (wir sprechen nicht von den Zeugen Jehovas, sondern von geübten Trinkern). Allerdings muß man feststellen, daß es wie beim Wein auch riesige Unterschiede zwischen den verschiedenen Sorten gibt. Am meisten dem bundesdeutschen Durchschnittsgeschmack angepaßt sind die industriell hergestellten Produkte der Großkeltereien Possmann, Höhl, Heil oder Rapps. Sie haben mit dem eigentlichen Apfelwein aber wenig zu tun. Sie haben wenig Charakter und wenig Alkohol, taugen also weder zum Genießen noch zum Sichbetrinken. Andererseits haben sie den Vorteil, daß man vorher weiß, was man zu erwarten hat. Nicht so bei den selbstgekelterten Apfelweinen, sie sind für so manche Überraschung gut. Bis vor wenigen Jahren war es in fast allen Apfelweingaststätten üblich, den Wein selbst herzustellen. Man sah im Spätsommer überall in den Hinterhöfen Berge von Äpfeln liegen, die von Bauern aus der Umgebung geliefert worden waren. So wurde dann in einer hauseigenen Kelter der Hausschoppen hergestellt und teilweise sofort verkauft. Den ganz frischen Apfelsaft nennt man »Süßen«, den schon etwas angegorenen, mit Federweißem vergleichbaren Apfelwein dann »Rauscher«. Der allergrößte Teil jedoch wanderte in den Keller in große Fässer, die im Januar des Folgejahres angestochen wurden. Heraus kamen Weine mit gewaltiger Qualitätsbreite. Von saurer, kaum genießbarer Brühe bis zum durchaus schmackhaften Wein war so ziemlich alles dabei, und so ist es noch immer.

Heute sind es allerdings nur noch ein gutes Dutzend Wirte, die sich jedes Jahr aufs neue die Mühe machen und eigenen Wein herstellen. Die meisten lassen sich von den Großkeltereien beliefern, die eigens für die Traditionsgaststätten eine Art Sonderedition auflegen und eine kleine Menge Schoppen herstellen, der dem selbstgemachten sehr nahe kommt – und mit dem, was die Firmen sonst in 1-Liter-Flaschen feilbieten, rein gar nichts zu tun hat. Viele Wirte tun auch so, als würden sie keltern, und veranstalten jeden Herbst eine Art »Show-Keltern«, bei dem sie einige tausend Liter selbst herstellen. Die restlichen 90 Prozent ihres Jahresbedarfs kaufen sie dann dazu, brüsten sich aber dennoch mit dem »Selbstgekelterten«. Es sei ihnen gegönnt, denn großen Wert legt sowieso kaum noch jemand darauf. Die Jugend hat das Getränk zwar »Äppler« getauft und verschmäht es dennoch weitgehend, und die alten »Schoppepetzer«, wie man die eingeschworenen Apfelweintrinker nennt, sterben langsam aus. Alle Versuche der Industrie, ihr Produkt aufzupeppen und zum Modegetränk zu machen, scheiterten – und das ist auch gut so. Apfelwein wird nie nachts in Bars und Clubs, lässig an der Theke lehnend, getrunken werden.

Ähnlich schwer wie der Apfelwein hat es auch die original Frankfurter Küche. Bis auf wenige Ausnahmen ist sie schwer, fett und mächtig, also ein Sinnbild für all das, was der moderne Esser von heute meidet wie der Teufel das Weihwasser. Das an sich wäre nicht sonderlich schlimm, denn nicht jeder kann sich von Rucola und Knäckebrot ernähren. Das Problem liegt woanders, nämlich an der Einseitigkeit. Ein Skandal, zumal, wenn man die Geschichte der Stadt heranzieht. Schon seit dem frühen Mittelalter ist Frankfurt Treffpunkt von Menschen verschiedenster Nationalitäten, die hierherkommen, um Handel zu treiben. Man möchte meinen, diese Reisenden hätten auch Leckereien und Rezepte aus ihren Heimatländern mitgebracht und somit schon vor Jahrhunderten der Frankfurter Küche eine unglaubliche Vielfalt beschert. Weit gefehlt. Was es in Frankfurt gab und gibt, das sind diverse gepökelte Teile des Schweins wie Rippchen, Leiterchen, Schäufelchen, Schnuten, Ohren, Bäuche und Haxen, darüber hinaus Ochsenbrust, Blutwürste und Leberwürste und dazu Berge von Kartoffeln und noch größere Berge von Sauerkraut. Punkt. Ergänzt wird dieses überschaubare Angebot durch das Raffinierteste, was der Frankfurter kennt, die »Grie Soß«, zu hochdeutsch Grüne Soße. Über die Herkunft dieses Gerichts werden viele Geschichten erzählt. So sollen bereits die Römer das Pesto aus Italien mitgebracht und hier abgewandelt haben. Oder die Hugenotten sollen die Sauce Verte aus Frankreich eingeführt haben, was dem Ganzen einen Hauch Haute Cuisine verleihen würde. Sogar Goethes Mutter mußte schon herhalten. Ihr schreiben manche Quellen das erstmalige Anmischen der Grünen Soße zu, und ihr kleines Dichter-Schleckermäulchen Johann Wolfgang soll sie geliebt haben wie nichts anderes in der Welt. Alles Humbug. Tatsache ist, daß das Rezept für die Soße zum ersten Mal Mitte des 19. Jahrhunderts urkundlich erwähnt wurde. Und entstanden ist diese Frankfurter Spezialität vermutlich genauso wie die meisten berühmten Gerichte, nämlich durch die Faulenzerei irgendeines Küchengehilfen. Der wollte sich Arbeit sparen und haute einfach allerlei sich kurz vor dem Verwelken befindliches Grünzeug klein und versetzte es zwecks längerer Halt- und Verkaufbarkeit mit saurer Sahne. Irgendein verwöhnter adliger Popanz kostete dann wahrscheinlich davon und gab sich verzückt. So begann das Gericht seinen Siegeszug. Im Gegensatz zu anderen, auch eher zufällig entstandenen Spezialitäten wie Bœuf Stroganoff, Wiener Schnitzel oder Schwäbischen Maultaschen kam es jedoch nicht sehr weit. Gerade mal bis Kassel reicht die Berühmtheit der Grünen Soße, in München, Berlin oder Hamburg jedoch ist sie vollkommen fremd. Will man sie dort zubereiten, muß man sich die sieben dafür benötigten Kräuter mühsam bei den Gemüsehändlern zusammenklauben und ein Heidengeld dafür bezahlen. In Frankfurt und Umgebung hingegen kriegt man sie fertig gemischt und in weißes Papier verpackt an schier jeder Ecke zu einem überschaubaren Preis.

Die Kräuter für die original Frankfurter Soße sind Borretsch, Kerbel, Kresse, Petersilie, Pimpinelle, Sauerampfer und Schnittlauch, die angeblich alle im Frankfurter Stadtteil Oberrad angebaut werden. Vollkommen verpönt ist Dill, weil er zu stark vorschmeckt. Trotzdem ist er gelegentlich in der Mischung vorhanden, was niemand versteht. Ignoranten mischen auch Spinat unter, einfach nur weil er grün ist und so eine schöne Farbe macht. Doch irgendwo hat der Spaß ein Ende, da könnte man genausogut den Gummibaum aus dem Wohnzimmer kleinhäckseln.

Serviert wird die Grüne Soße in vielen Lokalen, man kann sie auch in Metzgereien fertig angemacht kaufen, oder teuer zurechtgemacht in Feinkostgeschäften. Soweit die Theorie, die Praxis jedoch ist fürchterlich. In der Regel kriegt man eine entsetzliche und überdies noch bittere Fertigmayonnaisenpampe serviert oder verkauft, die mit einer schmackhaften Spezialität rein gar nichts zu tun hat und für den menschlichen Verzehr im Grunde nicht geeignet ist. Die Kräuter sind nämlich meist mit der

Küchenmaschine zerkleinert, was ihre Bitterstoffe freisetzt, und über Fertigmayonnaise brauchen wir uns hier ja nicht allen Ernstes zu unterhalten. Durchaus schmackhaft wird das Ganze, wenn man sich an das Basisrezept hält: Besagte Kräuter wiegen oder mit dem Messer kleinschneiden, ordentlich Schmand oder fette saure Sahne daruntermischen, mit Pfeffer, Salz und etwas Muskat abschmecken – fertig. Klar geht auch die Variante mit selbstgemachter Mayonnaise, oder man kann etwas Joghurt zufügen. Ebenfalls statthaft sind kleingehackte, gekochte Eier, doch darüber streiten sich die Gelehrten. Wichtig ist auf alle Fälle, daß man die Grüne Soße nur ißt, wenn die Kräuter auch Saison haben. In der übrigen Zeit schmecken sie, als ob sie aus dem Gewächshaus kämen, was in der Tat auch der Fall ist. Das werden die Gärtner in Oberrad nicht gerne hören, doch dieses Buch dient ja nicht der Finanzierung der Winterfütterung notleidender Angehöriger der Frankfurter Gärtnerinnung. Auch für die gilt nämlich der Grundsatz: Augen auf bei der Berufswahl.

Nun haben wir die typischen Frankfurter Gerichte schon fast alle erwähnt – aber nicht erklärt. Einige der besagten Schweineteile nämlich tragen in Frankfurt Namen, die andernorts nicht verstanden werden. So versteht man unter »Schäufelchen« die Schweineschulter, da der abgenagte Knochen die Form einer Schaufel hat. Schäufelchen werden in Frankfurt allerdings immer gekocht angeboten. »Leiterchen« bestehen aus jenem Teil des Schweinebauchs, der von den Rippen durchzogen ist. Die korrekte Bezeichnung lautet »Rippenspeer«, in Süddeutschland sagt man auch »Schälrippchen«, am verständlichsten ist mittlerweile aber wohl der gute alte deutsche Ausdruck »Spareribs«. Mit Schnuten und Ohren weiß man auch in Norddeutschland etwas anzufangen, ebenso mit dem Begriff »Haxe«, also einem gegrillten Teil des Schweinefußes. Ist dieser allerdings gekocht, so heißt er in Frankfurt »Haspel«. Das ist das gleiche wie das Eisbein des Berliners oder das Knöchel des Franken. Alles, was vom Schwein gekocht wird, sollte ja zuvor gepökelt werden. Auch dafür hat der Frankfurter einen Ausdruck, er legt alles in den »Solber«. Solber, das ist jene Lake aus Nitritpökelsalz, die das Fleisch zarter und haltbarer macht. Daher kommt auch der hübsche Frankfurter Ausdruck für jemanden, der nach durchzechter Nacht bis Mittag im Bett liegt: »Der liegt noch in seinem Solber.«

Bleibt noch der berühmte Handkäs mit Musik, in der Tat eine wohlschmeckende Angelegenheit. Die Anekdote, daß der Handkäs von beleibten alten Frauen im Odenwald durch Reiben unter der Achselhöhle in seine Form und zu seinem Aroma gebracht würde, gehört natürlich ebenso ins Reich der Legenden wie die Behauptung, kubanische Zigarren würden auf dem Oberschenkel einer Mulattin gerollt – was aber in der Tat die appetitlichere Vorstellung wäre. Ein weiterer Beweis dafür, worin die Unterschiede zwischen Hessen und Kuba liegen, wobei man allerdings sagen muß, daß die kubanische Küche auch nicht gerade vor Einfallsreichtum strotzt. Also durchaus eine Gemeinsamkeit.

Verbürgt ist allerdings, daß der Handkäs dem Kubaner fremd ist, was gewiß nicht mit dem Handelsembargo zusammenhängt, sondern schlicht schade ist. Denn der Handkäs ist eine prima Sache. Ein leichter, nahezu kalorienfreier Sauermilchkäse, der einst mit der Hand in seine Form gebracht wurde und so zu seinem Namen kam. Er wird in ganz Südhessen hergestellt, aber auch in Rheinland-Pfalz und Teilen Nordbayerns. Serviert wird er, wenn er einige Tage gereift ist und durch einen typischen Geruch auf sich aufmerksam macht. Die »Musik« besteht aus einer Marinade aus kleingeschnittenen Zwiebeln, Essig und Öl, die über den Käse gegeben wird und einige Stunden nach dem Verzehr für dezent vernehmbare Darmwinde sorgt, die vom lustigen Hessen wohlwollend als »Musik« bezeichnet werden.

Über die Frankfurter Würstchen gibt es nicht viel zu sagen, denn sie sind ja nun nicht wirklich eine Spezialität, denn Würstchen werden auf der ganzen Welt hergestellt, und sie schmecken mal so und mal so. Warum sollten also ausgerechnet die Frankfurter besser sein? Von einer besonderen, nur im Rhein-Main-Gebiet ansässigen Schweinerasse wie beispielsweise den spanischen Pata-Negra-Schweinen wurde bislang nichts bekannt, auch weiß man nichts von einer hochgeheimen Würzmischung, die die Würstchen so unverwechselbar macht wie zum Beispiel die Thüringer Rostbratwurst. Und so schmeckt das Frankfurter Würstchen vor allem langweilig. Seine Berühmtheit bezieht es schlicht aus seiner Herkunft und der Geschäftstüchtigkeit einiger Metzger, die diesen Namen bereits Mitte des 19. Jahrhunderts schützen ließen. Anders ist dies mit der Rindswurst. Sie ist zwar längst nicht so bekannt wie ihr langweiliges, immer paarweise auftretendes dünnes Pendantchen aus Schweinefleisch, dafür aber von ausgeprägtem Wohlgeschmack und eigentlich keine Frankfurter Spezialität, sondern die einer einzigen Metzgerei, die verdientermaßen seit vielen Jahrzehnten Kultstatus genießt, nämlich Gref-Völsing.

Der Firmengründer Karl Gref begann schon im Jahre 1894 damit, zusammen mit seiner Frau Wilhelmine Völsing Würste aus reinem Rindfleisch herzustellen. Die

Metzgerei Gref-Völsing war damals in der Schnurgasse in der im Zweiten Weltkrieg zerstörten Altstadt nahe dem Dom. In unmittelbarer Nachbarschaft befand sich das ehemalige Judenviertel, und schnell wurden die koscheren, weil ohne Schweinefleisch hergestellten Würste Gref-Völsings zum Verkaufsschlager in der jüdischen und später auch der muslimischen Bevölkerung. Im Jahre 1913 zog die Metzgerei um in die Hanauer Landstraße 132 nahe der einstigen Großmarkthalle, und dort ist sie bis heute ansässig. Allen Expansionsmoden zum Trotz sind die Gref-Völsings bei ihren Wurzeln geblieben und stellen noch heute – mittlerweile in vierter Generation – ihre Rindswurst her, die im gesamten Rhein-Main-Gebiet bekannt ist. Gemacht wird sie aus 100 Prozent sorgsam ausgesuchten Rindfleischs. Das Rezept dafür ist nicht geheim, trotzdem sucht man vergebens nach einer Rindswurst gleicher Qualität. Gref-Völsings verwenden nämlich nur schieres Muskelfleisch und keinen sonstigen Unrat, der unter dem Namen »Separatorenfleisch« bei den meisten sonstigen Großmetzgereien beigemengt wird. Außerdem enthalten die Gref-Völsing-Würste nur maximal 17 Prozent Fett, obwohl bis zu 35 Prozent erlaubt wären. Man kann sie grillen oder braten, aber die einzige wirklich anerkannte Methode der Zubereitung ist das Heißmachen im Wasser. Alles andere wird vom wahren Frankfurter nicht akzeptiert. Durchaus üblich ist es allerdings, vor dem Verzehr die Pelle abzumachen. In guten Verkaufsstellen fragt die Verkäuferin sogar, ob man die Wurst mit oder ohne Haut möchte. Doch keine Bange, die Rindswurstpelle ist nicht vergleichbar mit der labberigen Haut der Münchner Weißwurst, die ja weiß Gott nicht appetitlich ist. Die dünne, stark geräucherte Rindswursthülle dagegen verleiht der Wurst eine angenehme Knackigkeit. Genießen kann man die Köstlichkeit in vielen Gaststätten und an diversen Wurstbuden in und um Frankfurt, am besten schmeckt sie aber im Stammhaus in der Hanauer Landstraße. Man steht in der Metzgerei, bestellt sich am besten »das Menü«, bestehend aus einer Rindswurst, einem dunkelgebackenen Wasserweck und einer Tasse Rinderbrühe, und schon hat man Frankfurt von seiner allerbesten Seite kennengelernt. Ansonsten ist Gref-Völsing übrigens eine ganz normale Metzgerei mit dem üblichen Angebot an Fleisch- und Wurstwaren. Sehr zu empfehlen ist auch die Gelbwurst, ein dicker Ring, in Form und Größe mit einer Fleischwurst vergleichbar, jedoch ist die eigentliche Wurst gelblichweiß und die Pelle gelb. Sie ist eigentlich eine weitere Frankfurter Spezialität, obwohl es sie anderswo auch gibt. Die Gelbwurst ist erst langsam wieder im Kommen, zeitweise war sie fast ausgestorben. Früher nämlich fügte man ihr – wie der Münchner Weißwurst auch – einen gut Teil Kalbshirn zu. Ein vorzügliches Produkt, dieses Kalbshirn, in der Pfanne gebraten und mit einem Rührei vermengt, schmeckt es allerfeinst (übrigens auch ein traditionelles Frankfurter Essen). Doch sagen Sie heute mal dem modernen Zivilisationsmenschen, er solle Hirn essen! So reichten die wenigen alteingesessenen Frankfurter nicht aus, die Produktion der »Hernworscht«, wie sie früher genannt wurde, weiterhin rentabel zu machen, und die Spezialität verschwand fast vollkommen in der Versenkung. Ein Weiteres tat die BSE-Hysterie zu Beginn des neuen Jahrtausends. Eine der wenigen Metzgereien, die trotz allen Widrigkeiten des Zeitgeistes kontinuierlich Gelbwurst herstellten, war Gref-Völsing. Wegen des Verbots der Verarbeitung von Kalbshirn verzichtete man auf dessen Beigabe und ist bis heute dabei geblieben. Und siehe da: Die Wurst ist immer noch sehr schmackhaft. Man kriegt sie bei Gref-Völsing hundertgrammweise heiß auf die Hand verkauft, auch dazu ißt man einen Wasserweck und schlürft eine Rinderbrühe. Um das Thema Gref-Völsing abzuschließen, noch ein kleiner Geheimtip, der natürlich wie alle Geheimtips schon längst keiner mehr ist: Wegen des großen Andrangs hat Gref-Völsing vor einiger Zeit eine Art Schnellimbiß angebaut. Man mietete das benachbarte Lädchen dazu, und über den dortigen Schalter werden nun Rinds- und Bratwürste sowie einige andere Leckereien über die Straße verkauft. Das ist nicht weiter schlimm, auch wenn der wahre Eingeborene seine

Wurst drinnen in der Metzgerei zu sich zu nehmen pflegt. Dort draußen aber gibt es etwas, das es mit Sicherheit so nur dort gibt. Es trägt zwar die Bezeichnung »Hamburger«, doch es hat mit dem für den menschlichen Verzehr ungeeigneten tierischen Nebenprodukt amerikanischer Herkunft soviel zu tun wie McDonald's mit Gref-Völsing. Dieser sogenannte »Hamburger« nämlich besteht aus einer wunderbaren Frikadelle in knusprigem Brötchen, auf die duftende, selbstgeröstete Zwiebeln und einige Scheiben einer dicken, feisten, sauren hessischen Gurke gegeben werden. Touristen schütten sich noch Ketchup drauf, der Frankfurter aber kommt von weit her, um sich diese neue Frankfurter Spezialität einzuverleiben – selbstverständlich ohne Ketchup. Und es soll sogar Menschen geben, die drinnen in der Metzgerei eine Rindswurst und ein Stück Gelbwurst nebst Weck und Brühe nehmen – um dann draußen noch einen »Hamburger« zu essen. Bietet sich ja an, wenn man schon mal hier ist. Und da sage mal einer, ein Traditionsbetrieb wie Gref-Völsing sei nicht in der Lage, mit der Zeit zu gehen.

Doch trotz des extrem schmackhaften »Hamburger« wird Gref-Völsing gewiß nicht den Weg der Firma McDonald's antreten und weltweit Filialen eröffnen. Zwar hat die Rindswurst auch außerhalb Frankfurts eine beträchtliche Fangemeinde, sie wird in speziellen Thermobehältnissen sogar in alle Winkel der Welt verschickt. Daß es nicht viel braucht, Auswärtige für das Frankfurter Produkt zu begeistern, das beweist eine kleine Geschichte. Im Jahre 1995 war es, als Christo den Berliner Reichstag verhüllte und ein Frankfurter Tunichtgut eine prima Geschäftsidee hatte. Er mietete drei Meter Standfläche vor dem Reichstag, fuhr mit einem Tapeziertisch, einem Elektrokocher, einem alten Topf, tausend Gref-Völsing-Rindswürsten und etwas Senf in die Hauptstadt, um dort den großen Schnapp zu machen. Er hatte die Situation grob unterschätzt. Schon am Nachmittag des zweiten Tages waren seine Würste weg, und er hatte noch eine Woche vor sich. Also bat er seinen Kumpel Robert K., ihm doch noch dreitausend Würste per Kurierdienst nachzuschicken. Nicht möglich, sagten die Kurierdienste jedoch, man befördere im Sommer keine verderblichen Güter. Nun kam es zur großen Stunde des Robert K., seines Zeichens Obst- und Gemüsehändler in der Großmarkthalle. Roberts Freundin Silvie nämlich war noch nie in Berlin gewesen, und Robert hegte schon immer den geheimen Wunsch, einmal im Leben Porsche zu fahren. Also verband er gleich drei verschiedene Anliegen mit einer Lösung: Robert K. mietete einen Porsche, packte seine Freundin und dreitausend Rindswürste hinein und brauste – das Wort Ökobilanz kannte man damals noch nicht – in einem Höllenritt nach Berlin. Es war ein Tanz auf dem Vulkan, denn Robert hatte immer die Angst im Nacken. Wäre er nämlich zu langsam gefahren, hätten die Würste verderben können, wäre er zu schnell gefahren, hätte der Freundin – die obendrein Vegetarierin war – übel werden können. Doch das heikle Unterfangen gelang, und Robert trägt seither den Beinamen »Die schnellste Rindswurst der Welt«. Daß die Tageszeitung »taz« Jahre später dem Rennrodler Georg Hackl diesen Namen verlieh, ist Zufall. Wir wissen jedenfalls nun, daß Rindswürste wesentlich schneller sein können als der Hackl-Schorsch in seinem Eiskanal.

Ob nun den Berlinern die Rindswurst wirklich so gut geschmeckt hat oder ob sie sie gegessen haben, weil es sonst nichts gab, das ist nicht überliefert. Eine weitere Variante machte in einschlägigen Frankfurter Kreisen ihre Runde. Demnach soll der Tunichtgut in seiner Dusseligkeit so wenig für die Wurst verlangt haben, daß binnen kürzester Zeit alle Obdachlosen im Bezirk Mitte zum Reichstag eilten, weil sich herumgesprochen hatte, dort würde ein Wohltäter wohlschmeckende Speisen zum Selbstkostenpreis verkaufen. Sei's drum. Hauptsache, die Würste kamen gut an und machten ein wenig Werbung für Frankfurt.

Wenn nun allerdings ein Berliner nach Frankfurt kommt und denkt, er müsse nur die nächstbeste Apfelweinwirtschaft betreten, um eine Gref-Völsing-Wurst zu bekommen, dann irrt er sich. Zwar ist sie die originale und die berühmteste Wurst ihrer Art, das muß aber in Frankfurt – und besonders in den hiesigen Apfelweinlokalen – noch gar nichts heißen. Fast jeder Wirt nämlich hat seinen eigenen Metzger, und der macht natürlich »die besten Rindswürste der Stadt«. Daß es nicht wenige Wirte gibt, die mittlerweile ihre Rindswürste bei Penny, PLUS oder im Großmarkt kaufen, ist zwar ein Gerücht, doch eines, das stimmt. Was diese Wirte natürlich nicht davon abhält, ihrerseits zu behaupten, »die besten Rindswürste der Stadt« zu verkaufen – übrigens zu einem Preis, der jenem jener Wirte, welche richtig gute Metzgerwürste feilbieten, in nichts nachsteht. Man will sich schließlich keine Blöße geben. Ähnlich ist es mit den Frankfurter Würstchen, doch die ißt ein Eingeborener sowieso nicht. Die hat der Wirt nur für Japaner und für Kinder auf der Karte stehen.

Was tut er also, der Fremde, wenn er erstmals in einer Frankfurter Apfelweinwirtschaft steht? Wie kann er erkennen, welcher Güte die Würste des Wirts sind? Gar nicht. Selten nur gibt es zweifelsfreie Qualitätsmerkmale wie einst in der legendären Gaststätte »Rink« am

Musikantenweg im Nordend. Die dortige Wirtin Lulu Schwarz, geborene Rink, hatte nämlich die besten Rindswürste der Stadt – aber nur, wenn sie nicht ranzig waren. Frisch mußten diese Würste als Sensation bezeichnet werden. Kurz und knubbelig waren sie, fast wie dicke, etwas längliche Klöße. Die Pelle war an beiden Enden mit einem Stückchen Kordel verschlossen und die Wurst als solche trocken, bißfest und von ausgewogener Pfeffrigkeit. Die Sache mit der Qualitätsprüfung ging ganz schnell. Wurde sie nach einer halben Ewigkeit (was zu erklären war, denn dicke, kurze werden nicht so schnell warm wie lange, dünne) von der kleinen, leicht nach vorne gebeugten, wieselflinken Lulu in blauem Nylonküchenkittel serviert, begleitet von einem mit hoher Fistelstimme hervorgestoßenen »Guten Appetit«, so roch man eigentlich schon in der ersten Zehntelsekunde, ob die Wurst genießbar war oder nicht. War sie es, fiel man über sie her, war sie es nicht, wartete man etwa fünf Minuten, erhob sich dann unauffällig von seinem Platz, nahm noch unauffälliger seinen Teller und trug ihn, langsam und ohne Aufsehen zu erregen, Richtung Theke. Dann stellte man ihn dort ab, blickte Lulu Schwarz mit großen, entschuldigenden Augen an und stammelte nur leise: »Frau Schwarz, die Worscht …« Lulu verstand. Sie nahm wortlos den Teller, stellte ihn auf das Brett in der Durchreiche zur Küche, schüttelte bestenfalls leicht den Kopf und widmete sich wieder ihrem Tun als Wirtin. Damit war das Thema »Essen« erledigt. Wer nämlich nun erwartete, sich alsbald (oder besser nach einer weiteren halben Ewigkeit) an einer neuen, womöglich frischen Wurst laben zu können, der hatte sich mächtig geirrt. Waren nämlich die Rindswürste ranzig, so hieß das schlicht und einfach, daß die Rindswürste ranzig waren. Hätte sich Lulu Schwarz nämlich in der Lage gesehen, nun eine frische Wurst zu servieren, wäre sie ja unter Umständen in den Verdacht geraten, dem Gast die ranzige Wurst aus niederen Beweggründen aufgetischt zu haben, womöglich um die alten Bestände noch zu verkaufen, obwohl längst neue Ware am Lager war. Nein. So etwas wäre Lulu Schwarz nie in den Sinn gekommen. Sie nahm die Reklamation schlicht zum Anlaß, fortan Rindswürste als »aus« zu erklären. Man hatte nun auf die nächste Lieferung zu warten, was mitunter schon mal vierzehn Tage dauern konnte. Nur Unkundige haben übrigens versucht, in dieser mißlichen Lage ersatzweise ein Rippchen zu bestellen. Der Kenner nämlich wußte, daß mit der neuen Lieferung Rindswürste auch die neue Lieferung Rippchen kam. Und da mochte man über den Zustand der alten Rippchen nicht wirklich nachdenken.

Der in solchen Dingen vielleicht weniger bedarfte Leser wird sich nun womöglich wundern. Dazu besteht kein Anlaß. Man stelle sich nur einmal vor, was man heute in eingeschweißter Discountkost so alles zu sich nimmt, ohne es zu merken. Dagegen ist doch diese ehrliche Form der Mängelrüge wie einst bei Frau Schwarz nachgerade herzerfrischend. Gut, gewisse Herren von gewissen Ämtern mögen theoretisch etwas gegen diese Vorgehensweise einzuwenden gehabt haben – hatten sie aber nicht wirklich, trotz regelmäßiger Besuche und Kontrollen. Der Rinksche Frischetest genoß so etwas wie Bestandsschutz und somit amtlichen Segen. Dieser Brauch hatte sich über Jahrzehnte bewährt, und wer mit ihm nicht einverstanden war, der konnte der kleinen Wirtschaft ja fernbleiben. In dem hutzeligen Häuschen nahe dem Sandweg herrschten nämlich schon immer andere Gebräuche. Die 1910 geborene Lulu Schwarz war eine epochale Figur der jüngeren Frankfurter Geschichte. Immerhin konnte sie für sich in Anspruch nehmen, die erste Frau gewesen zu sein, die in Frankfurt den Führerschein machte. Das war im Jahre 1933, und siebzehn Jahre später übernahm sie von ihren Eltern die Wirtschaft samt Kelterei und Kegelbahn. Dann begann etwas Ungewöhnliches: Seit dieser Zeit nämlich hatte Lulu Schwarz fast nichts in ihrer Wirtschaft verändert. Die Tapeten wurden im Laufe der Jahrzehnte immer nikotinbrauner, die Dielen immer schiefer, und die Lichtschalter wiesen an der Stelle weiße Flecken auf, wo Lulu sie täglich berührte. Ansonsten waren sie braun wie die Tapeten. Lediglich die Kegelbahn ließ sie in den fünfziger Jahren »elektrifizieren«, wie sie immer stolz sagte. Bis dahin standen da immer die Kegelbuben, die für ein paar Groschen die Kegel wieder aufstellten und nicht selten eine Kugel an die »Banatzel« kriegten, wie man in Frankfurt umgangssprachlich den Kopf bezeichnet. Im Sommer zog ein großer, schattiger Apfelweingarten viele Gäste an, auch Fremde, Auswärtige und gelegentlich sogar Touristen. Im Winter aber war man unter sich, und das war auch gut so. Schon im Sommer legte Lulu größten Wert darauf, daß die Gäste auch »herpassen«, wie sie sich ausdrückte. Klare Kriterien gab es natürlich nicht. Wer nicht bedient wurde, entschied Lulu nach Gefühl, doch sie war gerecht in ihrem Urteil. Dieses konnte man jedoch durchaus als »lebenslänglich« bezeichnen. Die zierliche, quirlige Dame hatte das Gedächtnis eines indischen Elefanten und verwies auch Menschen, die es viele Jahre nach der Erteilung des Hausverbots wagten, den Garten wieder zu betreten, erneut zielsicher des Hauses. Eine Begnadigung war also nahezu ausgeschlossen. Noch höher war die Hürde im Winter. Wenn der Ofen im Lokal bollerte, wurden Fremde nur selten geduldet. Es war, als wollte man Lulus Wohnzimmer betreten, während sie noch im Unterrock im Flur stand. Schier unmöglich aber war es, in die Runde des samstäglichen Sportschau-Stammtisches aufgenommen zu werden. Diese Männerrunde war der Olymp der Gaststätte »Rink«. Man kam gegen 17.30 Uhr, saß am runden Tisch, rauchte, trank Apfelwein oder Bier und widmete sich um 18 Uhr der Bundesliga. Nach einiger Zeit schlappte Lulu im blauen Nylon herbei und verteilte Teller mit Eintopf in der Runde. Mal Erbsen, mal Bohnen, mal Graupen, mal Linsen – aber immer mit Bockwurst. Das war um so erstaunlicher, da eine Bockwurst gar nicht auf der regulären Speisekarte verzeichnet war. Die kaufte Lulu also immer frisch, deswegen war sie nie ranzig. Dies erklärt auch den Umstand, daß Lulu jeden Samstag so viele Portionen kochte, wie sie Mitglieder des Stammtisches erwartete. Selten nur, ganz selten, wurden Novizen aufgenommen, und dies ging nur über einen Bürgen. Ein bestehendes Mitglied brachte also ein potentielles Neumitglied mit. Zuerst galt es den prüfenden Blicken und Fragen von Lulu Schwarz standzuhalten, und dann begann eine quälende Zeit des Wartens. Man saß nicht am runden Tisch, sondern kauerte auf einem separaten Stuhl auf halber Arschbacke daneben. Der Instinkt gebot, an den hitzigen Diskussionen um die Frankfurter Eintracht besser erst mal nicht teilzunehmen, man konnte eigentlich nur etwas Falsches sagen, also hieß es »Maul halten«. Saß man dann etwa ein halbes Jahr jeden Samstag schweigend neben seinem Bürgen, wurde man mit etwas Glück auf die Vorstufe des Olymps gehoben: Waren alle mit Eintopf versorgt und war ein Mitglied überraschend nicht erschienen, fragte Lulu Schwarz mit gewohnter Fistelstimme: »Wolle Sie aach en Teller?« Das kam einem Ritterschlag gleich. Klar wollte man einen Teller. Und selbst wenn man Linsensuppe haßte, genoß man Löffel für Löffel des mitterweile fast kalt gewordenen, sämig erstarrten Eintopfs samt der Bockwurst. Hatte man alles verspeist, wäre es ein grober Fehler gewesen, nun überschwenglich zu loben. Statt dessen war es üblich, auf die Frage: »Hat es geschmeckt?«, nur leise grunzend mit dem Kopf zu nicken. Man hatte schließlich ein halbes Jahr Zeit gehabt, sich diese gebotene Verhaltensweise bei den anderen Mitgliedern abzugucken. Der letzte Schritt bis auf die Spitze des Olymps ging recht schnell. Zwei, drei Monate lang wurde man von Lulu ungefragt mit dem kalten Rest versorgt, sobald eines der Mitglieder nicht erschienen war. Doch dann, irgendwann, ungefragt und ohne Vorwarnung, war es dann soweit: Lulu kam kurz nach 18 Uhr aus der Küche gewakkelt und stellte dem frischgebackenen Neumitglied wortlos einen eigenen Teller mit heißem, dampfendem, köstlichem Eintopf samt frischer Bockwurst vor die Nase! Es war geschafft. Und nun sollte es auch nicht lange dauern, bis man zaghaft das Schimpfen über die Eintracht begann und einige Zeit später sogar nach der Sportschau wortlos auf den Stuhl stieg, um unter noch ärgerem Schimpfen über die Eintracht die magnetische Bundesligatabelle mit den Vereinswappen an der Wand zu aktualisieren.

Anschließend stieg man wieder herab, gesellte sich zu der Runde und plauderte. Waren in der Sportschau keine Absonderlichkeiten wie unmögliche Abseitstore, skurrile Handspiele, umgefallene Tore oder aufgeschlitzte Oberschenkel gezeigt worden, kam man schnell ab vom Thema Fußball und widmete sich dem Alltäglichen. Um einem Vorurteil vorzubeugen: Nein, es war kein zotiger Stammtisch bei Lulu Schwarz. Das hätte die Dame auch gar nicht geduldet, zumal sie sich nach dem Abwaschen der Eintopfteller selbst mit einem Gläschen zu der Runde gesellte. Diese Zusammenkunft zumeist älterer Herren und einer Dame konnte man durchaus als philosophischen Zirkel bezeichnen, wie die Schilderung einer nur scheinbar lapidaren, alltäglichen Begebenheit eines der Herren zeigt. Der Verständlichkeit halber wurde das Gesagte halbwegs ins Hochdeutsche übersetzt: »Stellt euch des mal vor! Gestern stand ich dahaam in de Küch un wollt mer noch was zu essen mache. Ich geh zum Brotkaste, mach ihn uff, und was seh ich da? Was krabbele! Oje, Ameise, hab ich mir gedacht. Also hab ich des Brot in die Hand genomme, um die Ameisen abzuschüttele. In dem Moment fange die Dinger an zu fliege! Wusch, waren sie fort. Da hab ich mir gedacht, Gott sei Dank, des sind nur Mücke. Aber, jetz mal im Ernst, jetz frag ich euch! Ich hab mir nämlich dann gedacht, ei, bist du denn jetz ganz verrückt? Was is dann da de Unnerschied? Sind die jetz weniger schlimm, nur weil se Flügel hawwe? Kinners, Kinners, man macht sich manchmal Gedanke … Prost, allerseits.«

So war es einmal. Lulu Schwarz lebt nicht mehr, sie starb am 15. April 2001 nach langer Leidenszeit im Alter von 90 Jahren in einem Frankfurter Krankenhaus. Nachdem sie 1991 in ihrer Wohnung überfallen und schwer verletzt worden war, verpachtete sie ihre Gaststätte an junge Leute, die sie einige Jahre in ihrem Sinne weiterführten. Doch dann schlugen die Immobilienverbrecher und Gastro-Mafiosi zu und teilten das Filetstückchen in allerbester Lage unter sich auf. Heute wird das Lokal von einer Bande Event-Hansels geführt, die sich sogar des Namens von Lulu Schwarz bedienen und unter der albernen Bezeichnung »Oma Rink's Sterntaler« ein Schickimicki-Lokal führen. Unter dem scheinheiligen Motto »Gewohntes mal anders« wurde die Wirtschaft von einem vollkommen gefühllosen Innenarchitekten zu Tode renoviert, und man ist sich nun sogar nicht zu schade, Caipirinha und ähnliche Modegetränke in den Bembeln der alten Dame auszuschenken. Geführt wird es übrigens von solchen Menschen, die früher nicht mal im Sommer von Lulu

Schwarz eingelassen worden wären, geschweige denn im Winter.

Gewiß wäre ein Lokal wie die Gaststätte »Rink« nicht mehr so zu führen, wie in dieser Erzählung geschildert. Das fängt schon mal damit an, daß man nie so richtig weiß, wo und wann es in welchem Programm denn nun die Bundesliga zu sehen gibt. Bundesligamagnettabellen kriegt man auch nirgendwo mehr zu kaufen, und – ehrlich gesagt – die Türpolitik der Lulu Schwarz ließe sich auch nicht so recht auf die heutige Zeit übertragen. Spürbar ist aber eine gewisse Sehnsucht nach der Gastronomie von gestern – auch wenn dies die heutigen Betreiber des »Rink« zur übertriebenen Masche gemacht haben.

Vorbei jedenfalls ist die Zeit des opulenten Schwelgens in den Küchen ferner Länder. Der Trend in den Frankfurter Kneipen und Restaurants geht zur regionalen Kost und zur saisonalen Küche. Sprich: keine Erdbeeren im Dezember und kein Fisch aus Thailand. Statt dessen Kartoffeln aus der Wetterau und »Stracke« aus Oberhessen (das ist eine luftgetrocknete Wurstspezialität). Mittlerweile haben auch die Frankfurter Szenelokale dies erkannt. All diese designten Dinger, in denen es einst nur Blattsalate mit Putenbruststreifen gab, merkten mit der Zeit, daß der Umsatz nicht mehr stimmte. Früher versuchte man dieses Problem zu lösen, indem man ein wenig umbaute und sich zur Tapas-Bar, zum Coffee Shop oder zum Thai erklärte – und schon rannte der Konsument wieder hin und ließ sich melken. Doch die Masche zieht nicht mehr. Was passiert nun? »Zurück ins Ländle« ist die Devise, deutsch ist in – und hessisch noch viel mehr. Der Trend geht zum Krautwickel, zur Rinderleber und zum Falschen Hasen. Allerorten werden nun Kartoffelknödel mit Leberwurst vollgestopft, Suppen wieder mit einer Mehlschwitze gebunden und Fettränder am Kotelett nicht mehr verschämt bei Nacht und Nebel abgeschnitten und der Tierkörperbeseitigungsanstalt zugeführt, sondern einer Trophäe gleich dem Gast auf den Teller drapiert und wortreich als »Geschmacksträger« gepriesen. Und vorher gibt es als Gaumenkitzel kein Blätterteigfürzchen mit einem einsamen Scampo mehr, sondern ein Schmalzbrot mit Grieben. Überall schießen nun die regional kochenden Kneipen aus dem Boden. Köche, die schon seit Jahren aus dem Geschäft waren, werden nun hofiert und mit stattlichem Salär ausgestattet – nur weil sie wissen, wie man Reisbrei zubereitet. Preislich schlägt sich das für den Gast natürlich nicht nieder. Im bundesweiten Vergleich ißt man in Frankfurt immer am teuersten, auch wenn die Lokale dem Trend gemäß Nachnamen wie Hausers, Müllers, Schneiders oder Gebrüder Maier tragen und statt Carpaccio, Sushi und Chicken

Wings nun Hühnerbrühe, Kohlrouladen und Leber Berliner Art serviert werden. Arm wird man immer noch, wenn man in Frankfurt essen geht. Das merkt man vor allem dann, wenn man mal in Berlin, Hamburg oder München tafelt und anschließend beim Erhalten der Rechnung denkt, der Kellner hätte sich kräftig verrechnet.

Die Frage ist, wo er hinführt, dieser Trend. Im Römer, wie das Frankfurter Rathaus genannt wird, wird ja damit geliebäugelt, große Teile der einst zerstörten Altstadt wieder mit Fachwerkhäuschen auszustatten. Hat dieses Zurück zum Traditionellen auch Auswirkungen auf die extravagante Szene-Gastronomie? Werden sich künftig die In-Schuppen entlang der Hanauer Landstraße einen bitteren Wettkampf liefern, wer die beste Blutwurst hat? Werden die Blondchen, die in den Clubs die Kellnerinnen mimen, künftig in original Schwälmer Trachten gesteckt werden? Kann man dann im exklusiven »Cocoon Club« im Liegen an der Schweinshaxe nagen? Und werden gar Michaele Scherenberg und Karl-Heinz Stier, die Schmand- und Solber-Beauftragten des Hessischen Rundfunks, zu den Helden der Nacht in der Frankfurter Szene? Gibt es dann Live-Cooking-Sessions nachts um halb drei mit Sauerkraut, Grie Soß und Techno und dem Intendanten in der ersten Reihe?

So schlimm wird es gewiß nicht kommen. Küchentrends sind Modeerscheinungen, sie kommen und gehen. Bleiben wird die Frankfurter Küche. Sie hat in all ihrer Langweiligkeit einen entscheidenden, äußerst sympathischen Charakterzug: Sie ist beständig. Sie hat Jahrhunderte überdauert, und sie wird auch den Hype überleben, der seit einigen Jahren um sie gemacht wird. Gleiches gilt für den Apfelwein. Man muß ihn ja nicht mögen, und man muß ihn nicht trinken – aber man darf sich freuen, daß es ihn gibt.

## 6.

## *Bornheim und Sachsenhausen. Mitten in Frankfurt und dennoch weit weg*

Sieht man von peripheren Ansiedlungen wie Nieder-Erlenbach, Kalbach, Preungesheim und den anderen mittlerweile eingemeindeten Dörfern rund um Frankfurt ab, so sind die beiden Stadtteile Sachsenhausen und Bornheim die, die sich am ehesten einen eigenen Charakter erhalten haben. Besonders um Bornheim ranken sich Legenden. Die offizielle Version: Bornheim war ein Dorf (stimmt), und zwar eines der reichsten Dörfer im Umland (stimmt auch). Eingemeindet wurde es samt seiner sechszehntausend Einwohner im Jahre 1877, und die Berger Straße führte damals von der Staufenmauer hinaus nach Bergen und mithin auch durch Bornheim. Sie teilte das Dörfchen in zwei Hälften, nämlich die Berg- und die Talsiedlung. Auch alles richtig. Doch nun beginnt die Schönfärberei. Heißt es doch in alten Erzählungen, besonders am Wochenende seien die Frankfurter, ein lustig Liedlein auf den Lippen, hinausgezogen nach Bornheim, um sich dort apfelweinselig niederzulassen und fröhlich feiernd bei Brezeln und Preßkopf den Sonntag zu begehen. Das ist nur die halbe Wahrheit. Richtig nämlich ist, daß insbesondere Horden lüsterner Männer sich behenden Schrittes auf den etwa zwei Kilometer langen Weg machten, weil sie in Bornheim von einer beachtlichen Schar leichter Mädchen bereits winkend erwartet wurden. In der Tat war Bornheim das Rotlichtviertel des 19. Jahrhunderts, und die Berger Straße war das, was später die Flugroute in die Bangkoker Billigbordelle wurde. Daher auch der Name »Bornheim, das lustige Dorf«.

Und nun die eigentliche Sensation: Seit einigen Jahren ist es wieder so ähnlich. Was hat sie sich gewandelt, die einst so biedere Berger Straße. Früher, Anfang der Achtziger, war es schon eine Sensation, als der Markt am Uhrtürmchen eröffnet wurde. Die Bratwurstfrau am Stand von Metzger Hegmann verschenkte gelegentlich aus lauter Wonnepropperei ihre Würste, der Marktleiter mit der blauen Mütze frankfurterischte stolz ins Mikro des Hessischen Rundfunks: »De Bernemer Mackt, des ist der interessanteste und vielseitigste in ganz Europpa!« Der Metzger Hegmann hat seinen Laden mittlerweile geschlossen, und auch der Marktleiter mit den umfassenden Kenntnissen aller Märkte in ganz Europa ist mittlerweile im Ruhestand.

Doch den Markt gibt es noch, jeden Mittwoch und jeden Samstag. Als er damals eröffnet wurde, war die Berger Straße ein ödes, deutsches Etwas mit einem Kaufhof, einem Woolworth, einer Kaufhalle, fünf Metzgereien, zwei Zoohandlungen und einem Fischgeschäft. Nicht ein einziger Stuhl stand sommers draußen, im Freien gab's nicht ein einziges Getränk zu genießen. Heute fällt der Markt nicht weiter auf, ja, er ist gar fast schon ein Anachronismus. Keine Bänke und Tische, keine alkoholischen Getränke, nur ein einziger Bratwurststand – spartanisch im Vergleich zum sonstigen Freilufttreiben im Frankfurt des neuen Jahrtausends, besonders im Vergleich zum Treiben auf der lustigen Berger Straße.

Die Berger Straße, das ist heute das, was Menschen, die nicht viele Wörter haben, unter »Fun« verstehen. Mehr als ein Dutzend Kneipen, Bistros und sonstiger Erlebnishütten haben in den vergangenen zehn Jahren aufgemacht, sie tragen Namen, die sich alle paar Monate ändern, und sie sehen weitestgehend gleich aus, wie die Menschen, die sich dort tummeln. Gleichermaßen gleich übrigens die Gerichte, die ausgegeben werden. Der Salat mit Putenbruststreifen, das amtliche Todesurteil der kreativen Küche, findet sich auf fast allen Karten, gelegentlich marginal variiert durch Streifen von Kalbsleber, Stücke von Fischen oder irgendwelchen Austernpilzen. Als Getränke werden gerne Kreationen wie Kiba gereicht oder neuerdings ein außerirdisches Gemisch aus Weizenbier und Bananensaft. So wie Menschen aus unerklärlichen Gründen auf Langstreckenflügen Tomatensaft trinken, bestellen sie auf der Berger Straße irgendwas mit Bananensaft. Der Mensch und seine Säfte, ein nie befriedigend zu erforschendes Phänomen.

Erst weiter hinten in der Berger Straße, dort, wo die kleinen Häuschen stehen und wo sie eng und schmal und schlängelig wird, werden auch die Speisen wieder frugaler – und die Menschen ebenso. Gaststätten wie das »Bernemer Brünnche« oder der »Gickelschlag« hängen schon mit dem Durchbruch der ersten Schneeglöckchen dutzendweise Coca-Cola-Tafeln vors Gemäuer und preisen darauf ihre Küchenerzeugnisse an. Schnitzel in allen Formen, Farben und Sättigungsgraden werden dort gebraten, Schweine und Rinder, Kälber und Hühner, es brodeln Eintöpfe, und es quaddeln Soßen. Zwar haut die Qualität der gebotenen Speisen den Leckerschmecker nicht aus den Puschen, doch die Köche mühen sich redlich, und außerdem sitzt man schön dort draußen an der relativ wenig befahrenen Straße.

Beim ersten Sonnenstrahl fläzen sich da die Menschen, die von überall her herbeiströmen, um sich in der Berger Straße den Guten zu tun. Ein Großteil stammt wohl aus den Bereichen des vorderen Taunus und der Umgebung des Örtchens Offenbach am Main, andere sind aus fernen Ländern zugezogen, weil sie von ihren Firmen nach Frankfurt versetzt worden sind, wiederum andere pendeln von der Sachsenhäuser Mainseite herüber, weil ihnen zugetragen wurde, daß in der Berger Straße der Papst boxt.

All diese Menschen fuhren früher nicht nach Bornheim, sondern nach Sachsenhausen. Das ehemalige Fischerdorf ist zwar schon seit dem frühen Mittelalter Teil der Stadt Frankfurt, doch grenzte es sich schon immer etwas ab, was nicht nur am Main liegt, den man überqueren muß, um nach Sachsenhausen zu gelangen. Deswegen nennt man auch alles, was drüben, südlich des Mains, liegt, »dribbdebach« und alles nördlich davon »hibbdebach«. Während sich im Frankfurter Nordend und teils auch in Bornheim seit Jahrzehnten die Intellektuellen ballen (oder die, die sich dafür halten), ist Sachsenhausen bevorzugter Wohnort von Werbeleuten und Bänkern. Entsprechend das Straßenbild. Ein junger Journalist zum Beispiel hatte vor einigen Jahren nach langem Suchen eine einigermaßen bezahlbare, recht hübsche Zweizimmerwohnung gefunden, allerdings mitten auf der Schweizer Straße. Nach einigem Zögern war er fest entschlossen, die Wohnung zu nehmen, und machte sich auf zu einer letzten Besichtigung. Tags darauf kam er freudestrahlend in die Redaktion und berichtete: »Ich hatte gerade unterschrieben, trat auf die Straße, sah mich um und dachte mir: Nee, das geht nicht. Ich kann nicht jeden Morgen hier rauskommen und all das sehen.« Also ging er wieder hoch zum Makler und trat vom Mietvertrag zurück.

Was der junge Mensch gefühlt hat, läßt sich schwer beschreiben. Sachsenhausen ist nicht schlechter als das Nordend, und die Menschen dort sind nicht weniger nett. Doch sie sind anders. Am besten kann man die Schweizer Straße ergründen, wenn man sie an einem Samstagmorgen von unten nach oben begeht. So gibt es am südlichen Ende, also am Main, jeden Samstag Gasmasken und Crêpes und Kisten für Mundlochbuchsen zu kaufen. Was Mundlochbuchsen sind, das weiß der Verkäufer nicht zu sagen. Hergestellt wurden sie jedenfalls im Jahre 1944, und gebraucht hat sie die Deutsche Wehrmacht, vermutlich für irgendeinen Unsinn. Der Verkäufer hat noch mehr von solchem militärischen Zeugs. Schlafsäcke, Kochgeschirre, Stahlhelme und Springerstiefel. Woher das alles stammt? »Pssst«, sagt da der Verkäufer. Das ist sein Geschäftsgeheimnis.

Es ist Flohmarkt am Mainufer. Ein kleines Stückchen wird die Schweizer Straße davon betroffen, und das kann ihr eigentlich gar nicht gefallen. Gasmasken und Mundlochbuchsen, das paßt nicht zur Corporate identity der feinsten Frankfurter Einkaufsstraßen, sieht man mal von der Goethestraße ab, die ja keine Einkaufsstraße ist, sondern eine Aneinanderreihung von Designer-Boutiquen. Der Alte, der im Rollstuhl sitzt und »billisch, billisch« verstaubte Feinstrumpfhosen aus den Anfangsjahren der Nylonzeit anbietet, der Wühltisch mit den Kittelschürzen und die zwei Jungs mit ihren öligen Lichtmaschinen, das hat mit der Schweizer nichts zu tun. Einzig der Stand mit den Crêpes gleicht sich dem Flair der Schweizer an. Ein Klecks Mehlteig mit einem Klecks Süßkram für zwei bis vier Euro, das paßt.

Sieht man von diesen samstäglichen Flohmarkt-Einsprengseln einmal ab, so bietet die Schweizer jenen Anschein, den sich Menschen aus der Provinz unter »Großstadt« vorstellen. Keine Penner, keine Junkies und keine Hütchenspieler wie im Bahnhofsviertel. Keine türkischen Großfamilien und ramschigen Gemüseläden wie in Bornheim und Bockenheim, keine Kleindealer wie an der Konstablerwache. Statt dessen funktionierende Parkscheinautomaten, graffitifreie Hausfassaden (Jungs, wieso sprüht ihr dort eigentlich nicht?), Baumreihen in frischem Frühjahrsgrün, nur geringe Mengen von Hundekacke, dafür große Mengen schöner Menschen.

In der Schweizer Straße lebt das neudeutsche Wirtschaftswunder fort, ungeachtet von Arbeitslosigkeit, Wohnungsnot und Sozialabbau. Es sind die kleinen Beobachtungen, die solche Thesen erst ermöglichen. Daß der Fußboden im Erdgeschoß bei Woolworth zur Hälfte mit Parkett ausgelegt ist, das mag Zufall sein und ein Relikt aus vergangener Zeit. Daß aber der Woolworth der feinste seiner Art in ganz Frankfurt ist und um ein Gewaltiges edler als der Kaufhof in der Leipziger Straße, dahinter steckt Absicht. Auch die U-Bahn-Station Schweizer Platz unterscheidet sich ein kleines, aber entscheidendes Stückchen von anderen. Kein Schmuddel, kein Urin, an den Wänden sind die Patrizierhäuser des Museumsufers abgebildet. Sogar eine echte Heilige hat hier ihren Platz. St. Barbara prangt hinter Glas nahe dem Ausgang Museumsufer, die Schutzheilige der Bergleute, die von 1976 bis 1984 den Tunnel vorantrieben. Auch der Juwelier in der Nummer 61, in seiner unauffällig auffälligen Schaufenstergestaltung paßt er genau hierher und sonst nirgendwo. Eine ganze Reihe jener klobigen Rolex-Uhren hat er da liegen, wie zufällig. Die teuerste für knappe fünfzehntausend Euro, was man ihr aber selbstverständlich nicht ansieht. Oder der Käse-Becker in der Nummer 66. Ein winziges Lädchen, vollgestopft mit köstlichen vergorenen und verschimmelten Rohmilchklumpen, vermutlich im Gegenwert einer stattlichen Rolex-Batterie. Oder die teuer gekleideten, zarten Damen mittleren Alters, die in grobstolligen, aber gepflegten Geländewagen daherkommen und vor dem Blumengeschäft kurzparken. Die Kinder in bunten Schalensitzen auf die derben Rücksitze geschnallt, den Hund im Fußraum des Wagens. Gekleidet sind diese Damen mit teuren Jeans oder leichten Baumwollhosen, dazu tragen sie weiße Turnschuhe ohne Socken, die den Spann ihrer leicht gebräunten Füße sehen lassen. Oder neuerdings auch Gummischlappen, die sie »Flip-Flops« nennen und die ihren Gang so grazil wirken lassen wie den einer angeschossenen Ente. Fast alle sind so gekleidet. Das sieht nicht besonders originell aus, aber es steht ihnen. Die Herren hingegen tragen zwar ebenfalls gerne Jeans, allerdings etwas abgewaschener und einen Hauch ausgefranst. Dazu ein Sakko in gedeckten Farben, gerne mit ledernem Aufnäher an den Ellenbogen. Und teure braune Lederschuhe. Ungeputzt, das scheint so sein zu müssen. Selten allerdings sieht man solchermaßen gekleidete Damen und Herren gemeinsam. Es scheint der Single-Look zu sein oder zumindest jenes Erscheinungsbild, das man abgibt, wenn man ohne den Partner unterwegs ist. Typisch für die Schweizer Straße auch jener Mann im Alter von Mitte bis Ende Dreißig. Er hat an seinem Fahrrad einen Aluanhänger der Edelmarke »Kettler Trans« befestigt, drinnen stehen keine Bierkisten wie anderswo, sondern ein Sechserkarton Dom Perignon, sorgsam eingebettet in Salatköpfe, Baguettes und Salamis. Das hat Stil, das ist die Schweizer Straße. Gewiß, er fällt auf, auch hier. Doch die Reaktionen sind wohlwollend.

»Na, noch was vor heute abend?« wird da gerufen, oder auch: »Isser kühl?«

Und dann natürlich der Metzger Meyer. Ein dezent-auffälliger Laden in der Nummer 42, außen after-eight-farben lackiert, innen üppig mit all dem dekoriert, was dem Durchschnittsbürger bei den Stichworten »Provence« und »Toskana« so einfällt. Der eigentliche Unternehmenszweck des Betriebs, die Herstellung und der Verkauf von Fleisch- und Wurstwaren, ist mittlerweile reichlich in den Hintergrund gedrängt. Nach längerem Suchen entdeckt man zwischen Flußkrebsschwanzsalaten, Basilikumsößchen, Forellenfilets und »toskanischen Erntekörben« auch mal ein Exemplar der gemeinen Frankfurter Rindswurst, doch die Kundschaft orientiert sich anders. »Meyer's Kreative Küche« (man beachte den exklusiven Apostroph) versteht sich als Volxküche für die Gehobenen. Mittags steht man Schlange zum Empfang der eiligen Äsung auf besonderem Niveau. Die Krönung der Meyerschen Dekadenz ist ein Schälchen kalter Pellkartoffeln in der Kühltheke, so wie es früher bei Oma Frieda in der Spüle stand, wenn es abends Hering gab. Bei Meyer werden sie als »Gekochte Kartöffelchen« angepriesen, berechnet wird hundertgrammweise, bezahlt ein Heidengeld. Geh'n vermutlich weg wie kalte Kartoffeln.

Beim Schulfest der Freiherr-vom-Stein-Schule an der

Ecke Hedderichstraße schwitzen am Samstagmorgen die Väter hinter dem Grill und kämpfen mit den Bratwürsten. Trotz aller Mühen kommen die Würste innen kalt und außen blaß in den Verkauf, wie überall auf dieser Erde, wo unerfahrene Väter bei Schulfesten hinter Bratwurstgrills stehen. Allein, die Freiherr-vom-Stein-Väter sind etwas besser gekleidet. Auch die beiden alteingesessenen Apfelweinkneipen bembeln in einer anderen Spielklasse als ihre Pendants in Bornheim oder Seckbach. Japanische und amerikanische Reisegruppen drängen sich nicht ins »Rad« oder in die »Eulenburg«, nein, sie gehen zum »Wagner« oder ins »Gemalte Haus«. Trotzdem hat die Atmosphäre in beiden Lokalen etwas Urtümliches, Eigenes, Unvergleichliches. Hier sitzen nach wie vor die alten Schoppepetzer des Viertels und diskutieren die Eintracht und den Joschka, als gälte es, mit aller Macht ein Klischee zu bestätigen. Werktags drängen zur Mittagszeit und am frühen Abend auch die Kreativen der umliegenden Agenturen hinein. Sie bilden zusammen mit den Petzern und den Japanern ein Gefüge, das es in seiner melodramatischen Zusammensetzung nur hier gibt. Dazu paßt auch die Eingangstür im »Gemalten Haus«. Eine schmucklose, ins geschnitzte Portal eingezwängte elektrische Schiebetür, an Häßlichkeit nicht zu überbieten. Will man hinein, muß man einen Schalter drücken, will man heraus, geht die Tür von alleine auf. Übrigens wird in diesem Haus die beste gepökelte Rinderzunge der Stadt serviert. Ein weiteres Beispiel der gefälligen Widersprüchlichkeit: der Brezelmann. Hervorragendes Gebäck hat er in seinem Korb, bezahlbar obendrein. Wenn er die Gaststätte betritt und mit seiner Fahrradklingel am Henkelkorb schellt, zucken die Hände der Gäste in die Gesäßtaschen, und mit gezücktem Portemonnaie wartet man, bis er an den Tisch kommt. Und wie präsentiert sich ein Brezelmann in der Schweizer Straße? Natürlich im allradgetriebenen Lieferwagen.

Dennoch, und um keine Mißverständnisse aufkommen zu lassen: Es ist alles gut so, wie es ist, in der Schweizer Straße. Irgendwie lebt hier eine große Familie in festem Gefüge, und das hat seine soziale Notwendigkeit und auch seine Richtigkeit. Ausgegrenzt wird hier niemand, da es gar niemanden gibt, den man ausgrenzen könnte. Alle, die hier sind, gehören dazu, und die, die nicht dazugehören, die sind erst gar nicht hier.

Feste Größen im sozialen Gefüge sind neben Versammlungsstätten wie dem »Gemalten Haus« und dem »Wagner« scheinbare Unscheinbarkeiten wie der Gemüsehändler und der Zeitungskiosk am Schweizer Platz, jener mit ansehnlichem Ziergut bepflanzte ovale Mittelpunkt der Schweizer Straße, wo die Straßenbahn königinnengleich klingelnd und hupend mittendurch preschen darf, während die Autos sich mühsam einen Bogen bahnen müssen. Der Kiosk ist umfassend ausgestattet mit allem, was Menschen von Welt so lesen wollen. Und der Gemüsehändler braucht den Vergleich mit der Kleinmarkthalle nicht zu scheuen.

Wie schnell und trotzdem fließend der Übergang von der Behütlichkeit der Schweizer Straße hinüber zum richtigen Leben vonstatten geht, das zeigt sich an ihrem oberen Ende. Von der Hedderichstraße sind es noch achtzig Schritte bis zu einer mächtigen Unterführung, über die die Eisenbahntrasse hin zum Südbahnhof verläuft. Diese Unterführung ist das eigentliche Ende des süßen Daseins. Dahinter gibt's kein Leben mehr, es sei denn das ehrliche in Form einer Trinkhalle, der einzigen übrigens in der Schweizer Straße. Dort stehen samstags vor Heimspielen die Jungs vom Eintracht-Fanblock und geben sich schon mal prophylaktisch die Kanne, weil das Bier im Stadion zu teuer ist und zuwenig Umdrehungen hat. Kaum jemanden aus der Schweizer verschlägt's bis dort oben hin. Alleine schon, weil er dann durch die Unterführung gehen müßte, jene in schmutzigem Perlmutt gekachelte Röhre, beleuchtet von 34 kahlen Neonlampen. In Höhe von Lampe vier steht eine Bank, weiß der Teufel, wer auf die Idee kam, hier eine Bank hinzustellen. Und auf der Bank eine leere Flasche. Ein Bild, wie es täglich tausendfach in Frankfurt zu sehen ist. Hier saß wohl irgendein

Penner ein Weilchen und hat dann seine Flasche stehenlassen. Irrtum. Wir sind in der Schweizer Straße. In der Flasche war kein Schnaps, kein Bier und kein Wein, in der Flasche war »Iso Fruit«, ein »Drink zum Ausgleich des Mineralhaushalts bei sportlicher Höchstleistung«. Wie gesagt, es ist eben alles ein bißchen anders in der feinsten der Frankfurter Einkaufsstraßen.

## 7.

## *Welche Informationen wirklich wichtig sind*

Ehrlich gesagt wundert es den Frankfurter immer wieder, wenn Reisegruppen aus Fernost in sein Städtchen kommen und staunend und fotografierend auf dem Römerberg stehen, um anschließend an einem der wenigen Büdchen ein teures Paar wässeriger Frankfurter Würstchen zu essen und dann in einem der Souvenirläden einen kleinen Bembel als Erinnerung zu erstehen. Nicht, daß der Frankfurter seine Stadt und seine Sehenswürdigkeiten nicht schön fände, doch sobald er an Pittoreskeres denkt, wie Rothenburg ob der Tauber, Heidelberg oder das Schloß Neuschwanstein, kommen ihm doch Zweifel, ob die Handvoll nachgemachter Fachwerkhütten am Römerberg wirklich den weiten Weg lohnen. Und darüber, was der Frankfurter von seinen Würstchen hält, wurde ja hier schon ausgiebig berichtet – nämlich nichts. Da ist es schon etwas anderes, wenn die chinesischen und japanischen Gruppen abends in die bereits beschriebenen Sachsenhäuser Touristen-Apfelweinwirtschaften wie »Wagner« oder »Gemaltes Haus« einlaufen und sich dort breit grinsend hinter einer Schweinshaxe mit Kraut fotografieren lassen, als hätten sie die Haxe kurz zuvor auf der Pirsch in den Tiefen des Odenwalds nach langer Verfolgung eigenhändig zur Strecke gebracht. Aber auch ein anderthalb Kilo schwerer gegarter Schweinefuß nebst einem halben Eimer sauren Krauts und einem Kräusel Petersilie auf einer Porzellanplatte ist nun nichts wirklich Frankfurt-Spezifisches. Es gibt Gegenden in der Republik, da gilt solch ein Gericht als Betthupferl. Nur verlaufen sich dorthin halt keine Reisegruppen, und das ist auch gut so.

Sieht man also von zerbröckelnden Imitaten mittelalterlicher Häuser und gesottenen Extremitäten borstiger Paarhufer ab, hat Frankfurt keine nennenswerten Sehenswürdigkeiten zu bieten. Klar recken Provinzler alle paar Minuten den Kopf gen Himmel, wenn sie dort ein düsengetriebenes Passagierflugzeug sehen. Doch das gibt sich nach wenigen Tagen. Auch gilt in gewissen Kreisen der Flughafen als Ausflugsziel, doch trifft das wohl eher auf Menschen zu, die außer den Billigfliegerbaracken in Hahn noch kein nennenswertes Terminal gesehen haben. Gewiß gibt es im Frankfurter Airport Bereiche, die unbedingt einen Besuch wert wären. So zum Beispiel die erwähnte Frischfischabteilung, dann die Asservatenkammer des Zolls mit allerlei ausgestopftem, artengeschützem Viehzeug, in Formaldehyd eingelegtem Kriech- und Krabbelgetier oder extrem albernen Kleidungsstücken wie Schlüpfern aus Kobrahaut oder Wintermänteln aus Zebrafell. Natürlich wäre auch die Halle interessant, wo Millionen konfiszierter, weil nicht verzollter Zigaretten liegen oder Produktplagiate wie iPods, Polohemden und Pulverkaffee. Dummerweise ist überall dort der Zutritt verboten. Sogar die Aussichtsplattform am Terminal 1, von der man einen durchaus imposanten Ausblick über das Vorfeld hat, ist seit der 11.-September-Hysterie geschlossen, ebenso wie die winzige Taxifahrerkantine im Keller, wo es einst für kleine Münze großartige Mettbrötchen gab. Die mußte einem Umbau weichen, und somit verschwand auch das letzte lohnenswerte Ziel am Airport. Warum also zum Flughafen?

Römerberg langweilig, Sachsenhäuser Touristenkneipen nett, aber überfüllt, Flughafen nichts Besonderes – ist denn nun Frankfurt überhaupt eine Reise wert? Ja. Unbedingt. Doch man muß die Anziehungskraft der hessischen Metropole differenzierter betrachten. Frankfurt eignet sich nicht für einen One-Night-Stand. Die Stadt strahlt keine unmittelbare, geballte Erotik aus, sie sendet keine eindeutigen Signale, denen man sich nicht entziehen kann. Sie hat keinen Rhythmus, bei dem man mitmuß. Wenn Sinatra über New York sang, daß diese Stadt niemals schlafe, so gilt das für Frankfurt ganz und gar nicht. Frankfurt pennt gerne und viel. Doch wenn man Frankfurt wachküßt, dann geht's ab. Man muß halt wissen, wie. Frankfurt muß man tausendmal berühren, bis es irgendwann »Zoom« macht. Bei diesen tausend Berührungen ist es eminent wichtig, wo man hinfaßt. Auch nach der tausendsten Margarita bei »Pizza Hut« an der Alten Oper wird es mit dem »Zoom« wohl eher nichts. Man muß also wissen, wohin. Dieser Satz gilt für alle Städte, für Frankfurt aber ganz besonders. Es kommt nicht von ungefähr, daß viele Neubürger sagen, sie hätten Frankfurt erst nach zwei Jahren kennen- und lieben gelernt. Also? Wohin?

Zuerst einmal raus. Raus in den Taunus. Denn von dort kann man sich einen prima Überblick verschaffen und sieht, wie winzig Frankfurt eigentlich ist. Dann verliert man auch rasch die Berührungsängste vor dieser Stadt. Ein guter Aussichtspunkt ist zum Beispiel die Straße zwischen Königstein und Kronberg. Ist man ohne Auto, was generell und besonders in Frankfurt sehr zu empfehlen ist, tut es auch ein Blick vom Goetheturm in Sachsenhausen oder vom Lohrberg. Diese beiden Ziele sind sowieso lohnenswerter, da sich in beider Nähe empfehlenswerte Lokale befinden. Der famose Restaurantkritiker Wolfram

Siebeck hat einmal gesagt, er hasse Bergsteigen. Doch wenn er wisse, daß sich auf dem Gipfel ein prima Lokal befinde, sehe er sich unversehens in der Lage, denselben gemsengleich zu erklimmen. In diesem Falle ist es zwar etwas anders, man muß zuerst hoch, dann wieder runter und dann rein ins Restaurant, aber ein kleiner Ansporn ist ja nicht verkehrt. Aber man kann sich auch gleich ins Lokal begeben und sich Frankfurt später auf Google Earth angucken. Die erwähnten Lokale sind beide vom Prinzip her Apfelweinlokale, doch hat man es geschafft, mit der Zeit zu gehen und trotzdem die Tradition zu wahren. Die Modernität merkt man daran, daß man begrüßt wird, sobald man das Lokal betritt, und die Tradition spätestens dann, wenn der Teller mit dem Essen auf dem Tisch steht. Sowohl das »Rad« in Seckbach wie auch das »Fichtekränzi« in Sachsenhausen sind uralte Apfelweinwirtschaften, und in beiden haben mittlerweile junge Leute das Sagen, die ein sensibles Händchen haben, wenn es gilt, Altes und Neues miteinander zu verschmelzen. So wird in beiden Häusern eine prächtige Hausmannskost mit allen denkbaren Frankfurter Spezialitäten serviert, beide schenken einen durchaus mundenden Schoppen aus und haben am Mobiliar ihrer Schenken wenig verändert. Dennoch kann man im »Fichtekränzi« auch Austern schlürfen, was eigentlich eine Todsünde ist, hier aber dennoch irgendwie paßt. Und auch das Seckbacher

»Rad« wartet immer wieder mit Spezialitäten auf, die in der Frankfurter Küche nichts verloren haben und dennoch ins Gesamtkonzept des Hauses passen – auch wenn erwähnt werden muß, daß man dort unbedingt Haspel mit Kraut essen sollte, Modernität hin oder her.

Für alles Weitere gilt: Man besorge sich ein Fahrrad. Nur Lieferanten oder Ignoranten benutzen heutzutage in Frankfurt noch ein Auto. Durch die Winzigkeit der Ansiedlung ist das Velo das ideale Verkehrsmittel, zumal abgesehen von einigen kleinen Hügeln keine nennenswerten Steigungen zu bewältigen sind. Fahrräder kann man sich wie in jeder Großstadt bei der Bahn mieten, die haben recht taugliches Gerät im Verleih. Das Angebot scheint riesig zu sein; an fast jeder Straßenecke steht eines dieser klobigen Bahnräder und blinkt lustig vor sich hin; ein Zeichen dafür, daß es noch zu haben ist. Auch das Fahrradfahren an sich ist eine Wonne in Frankfurt. Rote Ampeln haben keine besondere Bedeutung, es sei denn, an erster Stelle in der Schlange steht ein Polizeiauto, dessen Insassen gerade nichts zu tun haben. Da aber Frankfurter Polizisten immer etwas Wichtigeres zu tun haben, als harmlosen Radlern hinterherzuhetzen, passiert in der Regel nichts. Etwas gefährlicher sind da die Streifen des Ordnungsamts, wichtigtuerisch auch mit dem Titel »Stadtpolizei« versehen. Deren Insassen haben prinzipiell nichts Wichtiges zu tun, sondern machen sich nur wichtig. Sie gilt es zu beachten. Einbahnstraßenschilder hingegen können Sie getrost ignorieren. In den meisten Straßen ist dies mittlerweile sogar rechtens. Im Rahmen eines Feldversuchs hat man überall kleine Verkehrsschilder angebracht, die gewisse Stadtteile aussehen lassen wie einen Verkehrsübungsplatz für Kleinkinder, in Wahrheit aber für die Radfahrer gedacht sind, die gegen die Einbahnrichtung fahren. Der Feldversuch gilt mittlerweile als erfolgreich, immer mehr Einbahnstraßen werden für Radler freigegeben. Eingefleischten Pedalisten ist dies vollkommen wurscht, sie fahren schon seit Jahrzehnten so, wie sie wollen, doch als politisches Signal ist diese Neuregelung sehr wertvoll. Zeigt es doch einen Umschwung in der Verkehrspolitik und daß künftig die Stadt nicht mehr autogerecht geplant werden soll, sondern im Sinne der Fußgänger und Radfahrer. Vielleicht noch ein Tip zum Thema Alkohol und Fahrradfahren: Trinken Sie kräftig, doch saufen Sie sich nicht mehr als voll. Wenn Sie nach getanem Schluck nicht durch übermäßiges Schlangenlinienfahren, lautes Rülpsen oder ausladende Gesänge auffallen, geschieht Ihnen nichts. Geübte Trinker schleichen übrigens mit dem Rad ganz langsam auf dem Gehweg nach Hause. Ganz langsam, wohlgemerkt. Das ist immer noch die sicherste Methode. Und sollte Ihnen auffallen, daß Ihr Licht nicht funktioniert, ist das nicht so tragisch. Doch auch hier gilt: Bitte nicht auffällig werden. Also nicht nachts um halb vier mit dem Rad ohne Licht auf dem Alleenring Pirouetten drehen und dabei »La Paloma« singen. Dann könnte es kritisch werden. Normalerweise aber bleibt es bei einer kurzen Ermahnung, wenn Sie überhaupt einmal von der Polizei angehalten werden. Der Dialog spielt sich dann erfahrungsgemäß folgendermaßen ab. Polizist: »Eh, Sie, was ist denn mit Ihrem Licht?« Radfahrer: »Des is gabutt.« Polizist: »Ach so. Ja dann.«

Sind Sie nun stolzer Mieter eines Fahrrads und befolgen Sie vorstehende Regeln, liegt Ihnen Frankfurt willig zu Füßen. Sehr zu empfehlen ist eine Tour über den Frankfurter Grüngürtel. Über 75 Kilometer führt hier ein Radwanderweg rund um die Stadt, und immer wieder begegnet einem dabei auch das Grüngürteltier, das Robert Gernhardt einst der Menschheit schenkte. Und man kommt an diversen Orten vorbei, wo sich Angehörige der Neuen Frankfurter Schule verewigten, wie zum Beispiel der Chlodwig-Poth-Anlage, den fünf Werken von F. K. Waechters Baumkunst, den Gernhardt-Eschen oder dem Ich-Denkmal von Hans Traxler. Es versteht sich von selbst, daß sich in nicht weiter Entfernung all dieser Kunstwerke taugliche Gaststätten befinden. Anderes hätten die Herren nicht zugelassen.

Soviel zum systematischen Ergründen der Stadt Frankfurt. Alles Weitere muß man sich erarbeiten. Klar gibt es einige Dinge, die in jedem Reiseführer als »unbedingt zu besuchen« klassifiziert werden. Das Museum für Moderne Kunst gehört dazu, das Senckenbergmuseum, das Goethehaus, die Paulskirche, der Dom, das IG-Farben-Haus, in dem sich heute die Universität befindet, die Schirn und gewiß auch die Kleinmarkthalle, die in der Tat eine »der interessantesten und vielseitigsten in ganz Europa« ist. Das hat sogar schon Freßpapst Siebeck bestätigt. Tja, und dann gibt es da noch den Zoo mit seinen putzigen Tierchen, aber einer unsagbar schlechten Gastronomie, außerdem das Museumsufer und die Altstadt in Höchst – und dann hätten wir sie auch schon aufgezählt, die wichtigsten Sehenswürdigkeiten der Stadt. Für nähere Details hält der Handel meterweise Fachliteratur vor. Was bleibt, sind vielleicht noch ein paar kleine, subjektive Tips zum Abschluß, die in den dicken Büchern der Reiseführerverlage eher selten verzeichnet sind. Zum Beispiel ein Ausflug am Sonntagmorgen zur Sportanlage am Brentanobad. Alle zwei Wochen bieten dort die Damen des 1. FFC Frankfurt Bundesligafußball der europäischen Spitzenklasse. Und dazu gibt's hervorragenden selbstgebackenen Kuchen. Sehr schön auch der Frankfurter Hauptfriedhof, dicht bewaldet und still und andächtig, obwohl er mitten in der City direkt am vielbefahrenen

Alleenring liegt. Ist man dort, sollte man unbedingt auch den benachbarten Jüdischen Friedhof besuchen, mit den Gräbern von Menschen, die einst zur wunderbaren Vielfalt dieser Stadt beigetragen haben und als Dank dafür gnadenlos verfolgt wurden. Eine Fahrt mit der Straßenbahnlinie 11 bietet einen idealen Einblick in die gesamte Realität der Stadt. Von Fechenheim im äußersten Osten geht es quer durch die Stadt und das Bahnhofsviertel auf die Mainzer Landstraße bis nach Höchst. Das dauert eine knappe Stunde, doch hinterher weiß man mehr über Frankfurt als so mancher, der schon seit Jahren hier lebt. Und hat man das Glück, an einem klaren Abend in Frankfurt zu sein, so sollte man sich zum Sonnenuntergang auf die Eisenbahn- und Fußgängerbrücke nahe dem Walter-von-Cronberg-Platz begeben und von dort den Blick auf die Stadt genießen. Man sieht die gesamte Skyline herrlich im Gegenlicht liegen, ahnt das Gewusel und hört entfernt das Getöse und freut sich darauf, alsbald den Abend einzutrinken – und kommt selbst als Frankfurt-Hasser zu dem Schluß, daß die Stadt so schlecht gar nicht ist. Keine Bange: Frankfurt kann gut damit leben – und deswegen läßt sich's in Frankfurt auch so gut leben. Und wer's nicht versteht, der soll halt wieder wegziehen. Basta.

# *Register*